한국인의 효

Ⅴ 보살핌을 주고받는 세대관계

한국인의 효

V 보살핌을 주고받는 세대관계

• **성규탁** 지음

이담
Books

[이념 — 실천 — 복지]

고령자들과 연소자들이

서로 존중하며

인간애에 찬 호혜적 관계를

발전시켜 나가기를

갈망하면서

이 책을 펴낸다.

[머리말]

부모와 고령자를 보살피고 지원하는 일은 한 사회에 널리 퍼져 있는 가치관에 의해 크게 영향을 받는다. 효는 이런 영향력을 가진 우리 사회의 대표적 가치로 남아있다.

효는 가족을 중심으로 실천되어 왔다. 그러나 효의 원래 뜻은 가족에서 실행함으로써 가족 밖의 이웃과 사회로 연장되어 모든 사람들에게 보살핌과 지원을 제공하는 폭이 넓은 것이다.

효는 특히 부모와 자녀, 고령자와 연소자가 보살핌과 지원을 서로 주고받는 것을 중요시하는 가치이다. 즉 혜택을 주고받는 호혜적(互惠的) 세대관계이다. 이러한 호혜적 관계는 가족의 안녕뿐만 아니라 이웃과 사회의 복리와 안정을 증진하는 힘이 된다.

대체로 고령자를 위한 복지는 가족이 스스로 고령의 친족을 보살피고 부양하는 책임을 감당할 때 이루어질 수 있다. 그러나 현대사회에서는 다수 가족들이 자체의 능력만으로는 이 책임을 수행하지 못하는 실정이다. 이들은 가족 외부의 지원과 전문적 서비스를 필요로 하고 있다.

따라서 새 시대에 부모부양을 하는 데는 전통적 효의 이념과 관행을 유지해 가면서 도시화 및 산업화로 인해 발생한 가족의 새로운 욕구를 충족해 가는 양면적 접근을 할 필요가 있다.

이 책에서는 가족이 새로운 사회적 환경에 적응하면서 필요할 때 외부의 지원을 받아 부모·자녀 간의 상호지원 관계를 유지하는 방안에 대해서 논의하려고 한다.

제1권에서는 "새 시대의 표현", 제2권에서는 "변하는 실천방법", 제3권에서는 "어른존경 방법", 제4권에서는 "떨어져 살면서 실천"을 주제로 해서 저자의 효에 관한 사회조사들로부터 얻은 자료를 바탕으로 논의하였다.

제5권에서는 부모와 자녀가 보살핌과 지원을 서로 '주고받는 관계'에 초점을 두어 새로운 사회적 환경에서 효를 실천하는 데 관해서 논의한다.

즉 "서로 주고받는 (호혜적) 부모·자녀 관계" 속에서 이웃과 사회의 다른 사람을 위한 호혜적 관계로 발전하는 데 관한 내용이다.

제1장 "새 시대의 세대관계"는 가족을 비롯한 이웃과 사회의 모든 사람에게 실천되는 상호 의존적이고 호혜적인 효에 관해서 논의한다.

제2장 "주고받는 관계: 뜻과 실행"에서는 주고받는 규범을 통해 사회체계를 안정시키고 호혜적 인간관계를 이룩하는 데 관해 논술한다.

제3장 "세대 간의 상호지원"에서는 사회변동에도 불구하고 세대 간의 호혜적 관계가 끈질기게 유지되고 있음을 논한다.

제4장 "서로 의존하는 세대관계"에서는 고령자들과 젊은 사람들

이 서로 도움을 주고받는 데 대해 논한다.

제5장 "서로 존중하는 세대관계"에서는 고령자와 연소자가 서로 존중하는 방식을 저자의 경험적인 조사 자료를 바탕으로 소개를 한다.

제6장 "고령의 부모와의 대화"에서는 고령의 부모가 필요로 하는 지원과 이분들의 재정적·법적, 기타 사정을 파악해 두어야 하는 데 대해서 알아본다.

제7장 "부모의 은혜와 자녀의 보답"에서는 자녀가 부모로부터 지원을 받고 이 은혜를 부모에게 갚는 호혜적 관계를 다루어 본다.

제8장 "노부모의 어머니가 된 딸"에서는 사경에 빠진 어머니를 자기 집으로 모셔 와서 애정과 보살핌으로 재활시킨 딸의 효행을 소개한다.

제9장 "노소가 서로 돕는 배움터"에서는 고령자들과 연소자들이 서로 가르치고 배우며 도움을 주고받는 호혜적 프로그램의 사례를 소개한다.

제10장 "고령자 부양: 미국의 고민"에서는 미국의 노인문제, 가족지원의 한계, 외부지원의 필요, 앞으로의 부양문제에 대해 논한다.

제11장 "가족지원의 방향"은 가족의 비공식적 자원과 지역사회의 공식적 서비스를 결합해서 고령자를 부양해 나가는 데 대한 논의이다.

제12장 "효도하는 공동사회"에서는 가족, 이웃, 사회의 모든 사람을 지원하는 호혜적 사회를 이룩하는 데 관해 논의한다.

이와 같이 제5권에서는 가족을 포함한 넓은 사회에 걸쳐 변화에 적응해 가면서 세대 간의 호혜적 관계를 유지하는 가운데 보다 넓은 효를 실천하는 데 대해 논의한다.

우리는 효의 기본적 이념에 따라 효의 표현을 새 시대의 생활방식에 맞도록 수정하는 과제를 안고 있다. 기성세대는 효의 표현에 대한 체계적인 연구를 하여 젊은 세대가 새로운 사회 환경에서 실행할 수 있는 효의 구체적 표현방식을 가려내 주어야 하겠다.

　제5권과 제1권~제4권에서 논의한 일련의 연구들은 이러한 사회적 과제를 풀어 나가는 데 도움이 되기를 바라면서 엮은 것이다.

2010년 정초
효문화연구소
Elder − Respect, Inc.
성 규 탁

[목차]

1장 새 시대의 세대관계 / 17

끈질긴 전통 / 19
호혜적 부모 · 자녀 관계 / 22
달라지는 새 세대 / 24
가족지향성 / 28

2장 주고받는 관계: 뜻과 실행 / 31

호혜적 관계 / 33
균형과 불균형 / 35
책임성 있는 교환 / 40
주고받음의 균형 / 41
책임의 공통성 / 43
주고받는 도움 / 44
호혜적 관계와 책임 / 46
가족기능의 보완 / 48

3장 세대 간의 상호지원 / 51

발전적인 시각 / 53
주어진 환경과 효 / 55
자녀의 보은 / 57
교호적 관계 / 58

정서적 지원과 수단적 지원 / 60
지원자의 선택 / 64
자녀의 사정과 지원 / 65

4장 **서로 의존하는 세대관계 / 69**

의존하는 관계 / 71
상호 의존 / 74
의존과 독립 / 77
바람직한 관계 / 78
의존하는 고령자들 / 80

5장 **서로 존중하는 세대관계 / 83**

서로 보살피는 사람들 / 85
효의 핵심: 어른존경 / 88

6장 **노령의 부모와의 대화 / 99**

조심스러운 접근 / 101
어려운 사정을 아는 일 / 103
파악할 사항들 / 104
존경 속의 대화 / 108
지역사회 자원의 활용 / 109

7장 **부모의 은혜와 자녀의 보답 / 111**

연로한 세대 / 113
부모가 자녀를 위해 한 것 / 114
보은을 위한 노력 / 115
갚기 어려운 은혜 / 117
부모에 대한 존경 / 118
교호적 지원 / 120

8장 **노부모의 어머니가 된 딸 / 125**

절망 속의 어머니 / 127
가족과의 접촉과 어머니의 재활 / 130

9장 **노소가 서로 돕는 배움터 / 133**

새로 사는 인생 / 135
고령자와 연소자의 합동 / 136
보람이 있는 생활 / 139

10장 **고령자 부양: 미국의 고민 / 143**

부양자의 고민 / 146
이어져 보살피는 관습 / 147

부양책임의 이행 / 149
자녀의 희생 / 151
외부지원의 필요 / 153
정부의 노력 / 154
맺는 말 / 156

11장 **가족지원의 방향 / 159**
의존적인 고령자와 가족의 어려움 / 161
가족의 니드(Needs) / 163
지역사회의 자원 / 165

12장 **효도하는 공동사회 / 167**
보살피는 사회 / 169
세대 간의 호혜적 교환 / 171
지역사회적 보살핌 / 173
실천 방법의 수정 / 174
호혜적으로 보살피는 공동사회 / 176

참고문헌 / 179

찾아보기 / 185

1장

새 시대의 세대관계

| 끈질긴

전통

지난 반세기 동안 진행된 사회변동은 참으로 우리 민족사상 전례가 없는 커다란 변화였다. 그러나 이러한 변동이 우리 전통문화의 중요한 부분을 이루는 효(孝)의 이념과 가치의 상실을 의미하는 것이라고 보지 않는다(신용하, 2004; 김태현, 2000; 유승국, 1995). 오히려 이 책에서 소개한 저자의 경험적 조사로부터 얻은 자료는 현대 한국인들의 부모부양과 관련된 사고방식, 정서적 반응 및 일상적 관행이 효이념으로부터 아직도 영향을 받고 있음을 시사하고 있다(성규탁, 1995, 2005; Sung, 2005, 2007).

우리 사회의 현대화는 공공(公共)부문의 정치적 및 직업적 구조에 방대한 영향을 미쳤으나 사적(私的)인 개개 가족들의 생활 내면으로까지 그만한 영향을 끼치지는 못한 것으로 보인다.

효에 관한 고찰은 우리들에게 가족, 문화, 사회구조 나아가 역사적 조류에까지 관심을 갖도록 한다.

효를 실천하는 장이 되는 가족을 보면 우리의 전통문화의 영향이 얼마나 끈질긴가를 알 수 있다(김한초, 한남재, 최성재, 유인희, 1986; 지교헌, 1989; 이광규, 1990; 성규탁, 1995; 최근덕, 1995; 신용하, 2004; Sung, 2007). 동양의 가족이 유럽과 미국의 가족과 같은 형태로 변한다고 하더라도 그 가족의 일상생활의 밑바닥을 이루는 가치와 규범은 서양의 것과는 같지 않은 것이다.

그 이유는 동양가족은 시발점이 다르고 변하는 정도가 다르기 때문이다. 사실 학자들이 지적했듯이 중국, 한국, 일본의 가족체계는 원래부터 서구의 것과는 다르다(Hill & Koenig, 1970; Deutchler, 1980; Tang & Parish, 2000; 신용하, 2004). 그리고 오늘날 한국의 핵가족은 서양의 핵가족과는 달라 친척과의 관계로부터 완전히 격리되어 있지 않다(최재석, 1994; 이광규, 1990). 특히 근친과의 관계는 꾸준히 지속되고 있고 앞으로도 지속될 것으로 내다보고 있다(신용하, 장경섭, 1996; Cho, 2000). 이러한 동서양 간의 차이를 조성하는 주요인들 가운데 하나가 효로부터 오는 영향이라고 본다. 서양에는 이런 문화적 영향력이 없다.

대다수의 부모들과 자녀들은 사회변동으로 인한 여러 가지 어려움에도 불구하고 세대 간의 호혜적 관계를 유지해 오고 있다.

그리고 대부분의 핵가족들은 상호 의존적인 친족체계로 이루어진 지원망에 속해 있다(성규탁, 2005, 제10장).

그리하여 비록 부모의 핵가족과 자녀의 핵가족 간의 관계가 거리 및 접촉의 시각에서 느슨하다고 보일지라도 세대 간의 지원관계는 존속되고 있다. 이 관계는 애정, 책임, 가족 화합, 존경, 희생, 보은으로 효를 실현하려는 가족적 노력 속에서 유지되고 있다(성규탁, 2005, 제1장). 이러한 노력은 부모를 위하고 자녀를 위하는 구체적 보살핌과 지원으로 구현(具現)되고 있다.

많은 부모와 자녀가 지리적으로 떨어져 살고 경제적으로 독립해 살게 됨으로써 서로의 지원관계가 약화되는 경향이 없지 않다. 산업사회의 도시화가 조성하는 이러한 변화로부터 오는 충격을 해소하기 위해 국가와 사회는 다양한 가족과 개인을 위한 서비스들을 더 적극적으로 개발해서 제공해야 하겠다.

1년에 몇 번씩 고향을 찾아 떨어져 사는 친족과 다시 만나 상호 간의 관심과 지원을 다짐하는 한국인들의 관습은 세대 간의 호혜적 관계를 강화하는 힘이 되고 있다.

또한 우리의 언어와 역사가 같고 단일민족이고 교통통신이 고도로 발전하고 생활 정도가 높아지고 사회복지 서비스를 받을 수 있는 것도 부모와 자녀 사이의 지리적 간격으로부터 오는 문제를 줄여 준다고 본다.

사실 이러한 유리한 조건들은 부모와 자녀의 접촉 및 대화의 기회를 증대하고 노부모들이 가족과 통합할 가능성을 높여 주고 있다.

이 책에서 다룬 자료에서는 한국의 현대 가족이 붕괴되어 노부모를 저버렸다는 증표는 찾아볼 수 없다. 오히려 효의 가치가 우리의 생활 속 깊숙이 스며들었음을 알 수 있다. 이 사실은 한국인의 고유한 부모·자녀 간의 정서적이고 행동적인 상호지원 관계가 비록 과거보다는 강하지 않을지라도 지속되고 있음을 시사하고 있다.

| 호혜적 부모·자녀 관계

부모와 자녀가 서로 지원하는 관계는 세대 간의 호혜(互惠)적─서로 혜택 또는 도움을 주고받는─관계이다. 이러한 주고받는 관계가 계속되면 서로 의존하는 관계를 이룩하게 된다. 가족을 중심으로 사람들이 서로 의존하는 관계를 맺어 살아가는 현상은 한국인의 오래된 문화적 특징이다.

우리나라 가정생활윤리에 커다란 영향을 끼친 거대한 유학자인 퇴계(退溪)와 율곡(栗谷)의 호혜적 관계에 대한 고견을 들어 보고자 한다.

퇴계는 "경장자유(敬長慈幼)"─아랫사람은 윗사람을 공경하고 윗사람은 아랫사람에게 인자하게 베풀어야 한다.─라는 말로써 부모·자녀 사이의 호혜적 도리를 설명하였다(이종술, 1978, 287; 금장태, 2001, 221). 율곡도 "남의 아버지가 된 자는 그의 자녀를 사랑할 것이요. 자녀는 그의 부모의 은혜를 잊어버리는 행위를 해서는 아니 된다."라고 하였다(율곡전서, 권27, 擊蒙要訣).

퇴계는 또한 "부모가 자식을 사랑하는 것은 자(慈, 인자함)이며 자식이 부모를 섬기는 것은 효(孝, 효도함)이니 효와 자의 도(道)는 인간의 천성에서 나오는 것이다."라고 하였다. 그는 나아가 "효와 자는 중선의 으뜸으로 그 은혜는 지극히 깊고 그 윤리는 지극히 무거우며 그 정은 절실하다."고 하였다(채무송, 1985, 310).

이 교훈은 자녀와 부모가 지켜야 할 호혜적(혜택 또는 도움을 주고받는) 의무를 알려 주는 것이다. 즉 자녀와 부모가 의무적으로 도움을 서로 주고받는 관계를 말한다.

퇴계의 학문에서 가장 중요시되는 경(敬)은 사람을 존경하고 사랑함을 뜻한다. 그는 이 귀한 뜻을 가진 경은 인간본성에 그 뿌리를 두며 경을 가장 잘 실천하는 방법은 효를 행하는 것이라 했다.

효가 내포하는 윤리는 부모에게나 자녀에게로 한쪽 방향으로만 움직이는 인간관계가 아니라 자녀와 부모 다 같이 사랑과 존경을 서로 주고받는 호혜적 관계임을 이 대유학자들은 지적한 것이다(사랑도 남에게 베푸는 것이요. 존경도 이 책 제5장에서 논한 바와 같이 남에게 베푸는 것이다).

우리 가정에서 오랫동안 애독되어 온 명심보감에도 부모·자녀 간의 호혜적 관계에 대해서 위의 교훈과 비슷한 말들이 들어 있다.

명심보감(효행 편)에 태공이 말하기를 "어버이에게 효도하면 자식도 또한 효도하나니 이 몸이 이미 효도하지 못하였으면 자식이 어찌 효도하리오."

그리고 같은 효행 편에 "효도하고 순한 사람은 다시 효도하고 순한 자식을 낳을 것이오. 이를 믿지 못하면 오직 처마 끝의 물을 보라. 방울방울 떨어지고 떨어져 어긋나게 옮기지 않느니라."

이 말은 우리 조상들이 겪은 경험을 바탕으로 인간사회의 인과응보를 설명하는 명언이다. 즉, 부모를 공경하는 사람은 머지않아 그의 자녀로부터 공경을 받게 된다는 뜻이 내포되어 있다.

명심보감에 소개된 손순, 상덕, 도씨 세 사람들의 지극한 효행에 관한 이야기들은 이와 같은 인과응보에 관한 사례들을 소개하며 부모에게 효도하는 효자에게 복이 돌아온다는 점을 가르치고 있다(명심보감 상덕도시).

인과응보는 베푼 것이 있으면 조만간에 나에게 그 베푼 것이 돌아온다는 뜻을 내포하고 있다. 이런 점에서 자녀가 부모에게 효도하는 것은 머지않아 노인이 될 자신을 위한 일종의 보험이 되는 것이라고 볼 수 있다. 물론 부모는 이런 혜택을 위하여 자녀를 그렇게도 극진히 자기를 희생하면서 양육하지는 않았다.

위의 말들은 부모와 자녀 사이에도 도움과 보살핌을 주고받는 인과응보적인 관계가 진행되고 있음을 알려 주고 있다.

퇴계는 효는 일상적으로 가정생활에서 실현되어야 한다고 했다. 율곡도 역시 부모에 대한 공경은 일상생활 속에서 행해야 함을 지적했다.

효는 가족을 중심으로 가정이라는 맥락에서 행해져 왔다. 그런데 산업화와 도시화와 함께 이 가족에 커다란 변동이 일어나고 있다.

많은 부모와 자녀가 서로 떨어져 살고 출산율이 급격히 저하되고 가정 외부에서 일하는 여성이 많아지고 부모와 자녀가 경제적으로 독립하고 외래문화의 영향으로 생활스타일이 달라지고 있다. 오늘날 이렇게 변하는 가족이 과연 어느 정도 전통적인 부모·자녀 사이의 호혜적 관계를 유지하며 효를 실천할 수 있을까 걱정하는 사람이 많아졌다.

| 달라지는 새 세대

사회가 변동함에 따라 새 세대는 전통적 이념과 관행에 저항하고 구 세대는 이러한 이념과 관행을 유지하려고 노력하는 경향이 짙다. 이와 같이 오늘날 우리 사회에서는 부모부양에 대한 효의 이념과 관행을 지속해 나아가고 한편으로는 변화시키려는 움직임이 동시에 연쇄적으로 일어나고 있다고 본다.

부모와 자녀 사이의 호혜적(상호지원) 관계도 이러한 두 가지 시각을 고려하면서 살펴보아야 하겠다.

새 세대와 기성세대 간에는 효행─부모부양─을 둘러싸고 어떠한 견해 차이가 있을까?

저자는 대학생들을 포함한 성인자녀와 중고등학교 학생 1,250명을 대상으로 부모에게 효도하는 이유를 조사한 바 있다(성규탁, 2005, 제6장).

연령이 낮은 소년층과 연령이 높은 장년층 간에 효도하는 이유에 차이가 나타났다. 소년들은 그들 부모의 연령인 장년층보다 사랑(부모를 사랑하기 때문에 효도함)을 더 중요시하였으나 다른 모든 효행이유들(부모에 대한 책임을 수행함, 부모를 위해 희생함, 부모은혜에 보답함, 부모를 중심으로 가족을 화합토록 함 등)에 대해서는 장년층보다 중요성을 낮게 평했다.

연령이 높은 장년층의 응답자들은 부모에 대한 사랑에 중요성을 두지 않았으나 부모에게 은혜를 갚고 부모를 존경하고 부모의 안녕에 대해 책임을 갖고 부모를 위해 자기의 시간과 자원을 바치고 연로한 부모를 딱하게 여기고 가족의 체면을 유지하려고 부모를 부양한다는 이유들에 대해서는 청소년들보다 더 중요하다고 했다.

즉 다수의 연령이 낮은 응답자들은 부모를 사랑하기 때문에 효도를 한다고 했다. 부모는 자녀를 끝없이 사랑하고 귀여워한다. 자녀가 어머니의 배 속에서 태어나서부터 어린 아이가 되고 청소년으로 자라 성숙한 성인이 될 때까지 아니 그 후에도 부모는 끝없이 사랑을 베푼다.

그리하여 해가 지나면 이제는 사랑을 받아 온 자녀가 부모를 사랑하게 되는 것이다(제8장 "노부모의 어머니가 된 딸"에서 부모로부터 받은 사랑을 갚는 실례를 소개한다).

우리의 인생에서 은혜를 받고서 갚는 시간의 길이는 그리 길지가 않은 것 같다. 그런 많은 은혜를 부모로부터 받고 그 은혜를 자녀가 자라서 갚는 자연적인 회전은 하나의 인과응보 현상이라고 볼 수 있다. 이것은 부모·자녀 간의 끊을 수 없는 주고받는 관계를 나타내는 현상이라고 할 수 있다.

교육 정도가 높을수록 거의 모든 효행이유에 대해 더 많은 중요성을 주어 부모부양에 대해서 긍정적인 성향을 나타냈다. 가족 수가 많은 응답자들이 가족 화합을 위해 부모를 존경하며 가족 체면을 위해 부모부양을 한다는 점을 가족 수가 적은 응답자들보다 더 강조하여 가족주의적 성향을 나타냈다.

그런데 사랑의 경우 최고치(소년의)와 최저치(장년의) 간의 차이가 있었으나 그 숫자적(數字的)인 차이는 적었다. 이는 모든 연령층들이 부모에 대한 애정을 중요시하였음을 시사한다.

위에 소개한 조사결과는 세대가 달라지고 사회 환경이 변하지만 부모부양과 관련된 이념과 관행은 과거보다는 약할지 모르지만 젊은 세대가 여전히 간직하고 있음을 시사하고 있다.

응답자들은 효도를 하는 이유로 사랑, 책임, 보은, 희생, 존경을 모두 중요하다고 지적하였다. 이들 효행의 이유는 우리가 여러 세대에 걸쳐 간직해 온 전통적 가치를 반영하는 것이다.

본 연구에 포함된 소년층은 성장하는 과정에 부모세대가 가진 전통적 가치를 가정에서 사회화를 통해 상당한 정도로 이어받았기 때문에 이렇게 효행 이유에 대한 긍정적인 응답을 했을 것으로 짐작한다.

청소년층이 사랑동기를 중요시한 점은 의미심장하다.

부모에 대한 사랑과 애정을 솔직하게 표현한 데 대한 자료가 우리의 문화적 맥락에서는 드물다. 이런 표현은 오늘의 사회적 변화에 따른 표현의 자유와 부모·자녀 간의 비권위적 관계의 발전을 반영하는 시대적 흐름이 가져온 변화라고 볼 수도 있다.

나이가 많은 연상층의 가치와 신조는 전통문화를 반영한다. 이와 대조해서 연하층의 가치와 신조는 새로이 등장하는 사회를 반영한다. 그래서 연하층에서는 연상층보다도 자유주의적, 개방적, 개혁적인 가치성향이 더 현저하다.

앞서 언급하였듯이 연하층과 연상층 간의 가치지향성의 차이는 사회변동으로 인하여 생기는 피치 못할 현상이라고 볼 수 있다.

그러나 본 조사에서 얻은 경험적인 자료를 음미해 보면 이런 견해는 설득력이 강하지 못한 것으로 보인다. 오히려 우리 사회에서는 부모세대(노년층과 장년층)와 자녀세대(소년층)가 호혜적으로 서로 보살피고 서로 도움을 주는 관계를 유지하고 있음이 드러난 것이다. 즉 세대들 간에 지엽적인 견해차이가 있기는 하지만 전반적으로 대다수의 장년, 청년 및 소년층의 응답자들은 부모부양을 중요시하고, 즉 부모부양에 중요성 또는 가치를 두고 효행을 할 뜻을 표명한 것이다(성규탁, 1993; Sung & Kim, 2003). 이 사실은 세대들이 단절된 것이 아니라 오히려 가족을 중심으로 서로 연계되어 상호 의존하면서 도움을 주고받고 있음을 시사하고 있다.

| 가족지향성

한국인의 가족 중심적 성향에 대해서는 이미 학자들이 지적한 바 있다(신용하, 2004; 신용하, 장경섭, 1996; 최재석, 1994; 이광규, 1990; 긴한초, 한남제, 최성재, 유인희, 1986; Hill & Koenig, 1970; Deutchler, 1980). 그러나 지금까지 그러한 가족 중심적 성향을 효(부모부양)와 연계하여 경험적인 조사로부터 나온 계량적 자료를 바탕으로 연구한 사례는 드물다.

위에 소개한 저자의 조사에서 일관성 있게 나타난 사실은 부모에 대한 효도를 중요시하는 항목들에 대해서는 연령, 교육, 출신지역, 동거자의 수, 생활 정도 및 출생순위에 상관없이 대다수 응답자들(평균 85%)이 매우 중요하다고 지적한 점이다. 이러한 결과는 젊은 세대가 가족을 중심으로 하는 부모부양에 대해 긍정적인 태도를 가지고 있음을 시사한다.

또한 저자의 같은 조사에 의하면 가족의 욕구를 중요시하고 형과 누이를 따르고 부모의 의견을 존중하는 태도는 한국인의 가족지향적 성향을 나타내는 중요한 지표로 나타난다(성규탁, 2005). 특히 응답자들의 대다수(77%)가 배우자를 선택할 때 부모의 허락을 받는 데 찬성한 점은 놀라운 사실이다. 우리와 다른 문화적 맥락에서 사는 미국의 청년들의 경우 과연 몇 퍼센트가 결혼상대를 정하는 데 이렇게 부모의 허락을 받겠다고 할 것인지? 이 점에서 우리의 경우와 대조가 될 것임을 쉽게 짐작할 수가 있다.

그리고 친척을 중요시하는 태도가 일관성 있게 나타났다. 이 점 또한 가족주의적 성향을 나타내는 것이다(성규탁, 2005). 친척은 핵가족을 둘러싸는 호혜적인 사회지원망을 이루고 있다. 이 지원체계는 노인은 물론 모든 가족원들에게 매우 중요하며, 앞으로 이 친족지원체계가 이웃과 공동사회로 연장되어 상호지원의 폭을 넓혀 가도록 발전시킬 필요가 있다.

본 조사의 결과는 현대 한국인들의 가치 속에 세대 간의 호혜적 성향이 깊이 뿌리 박혀 있음을 시사한다. 특히 부모는 자녀를 사랑하고 보살피며 자녀는 부모를 받들고 봉양하려는 효행의지가 이러한 성향의 바탕이 되고 있음을 알 수 있다.

오늘날 위에서 논의한 전통문화를 바탕으로 하는 상호 의존적인 생활방식과 산업화가 요청하는 물질적이고 합리주의적인 생활체제 사이에서 발생하는 부조화 내지 갈등으로 인하여 우리는 가치관의 혼란을 경험하고 있다. 이러한 상황에서 물질주의 – 개인주의 – 합리주의 가치관을 수정 내지 조정하면서 우리문화의 호혜적인 가치를 숭앙하는 윤리질서를 재정립할 필요가 커지고 있다.

이런 노력을 하는 데는 새 시대의 흐름인 상호 존중하며 비계급적인 사회관계—가족관계를 포함한—를 발전적으로 이룩해 나갈 필요가 있다.

2장

주고받는 관계: 뜻과 실행

부모 ·자녀 관계에도 매우 커다란 변화가 일어나고 있다.

특히 자녀의 별거, 거주지의 원격화, 여성의 취업 확대, 협소한 아파트 생활, 젊은 사람들의 생활태도의 변화 등으로 인하여 많은 성인자녀들이 전통적 방식으로 부모부양을 하기가 어렵게 되었다.

그리하여 오늘날 노부모 부양이 다수 자녀들에게 커다란 부담이 되고 있으며, 이들 사이에 부모부양의 방식과 분담을 두고 견해 차이와 갈등이 발생하는 경우가 많아 졌다.

한편 노부모들 사이에서도 이제는 자녀들에게 폐단이 되지 않을 수만 있으면 독립해서 살겠다는 이들이 많아졌다.

그러나 우리 사회에서는 아직도 많은 사람들이 부모와 자녀가 서로 도움을 주고받으면서 동거하는 방식을 바람직하다고 보고 있다. 실제로 자녀와 동거하는 노부모들이 다른 나라에 비해서 월등히 많다. 고도로 산업화되고 도시화된 한국의 노인들 중 자녀와 함께 사는 비율이 약 40%가 된다(Park, Cho, & Byun, 2009; Choi,

1999). 이 자료는 한국 사람들의 상당수가 좋든 싫든 부모와 함께 생활하는 것을 선택하고 있음을 시사한다. 허약하고 질환이 있는 고령자는 이렇게 자녀와 동거함으로써 보살핌과 지원을 더 쉽게 적기에 받을 수 있다.

앞서 지적하였듯이 부모와 자녀의 관계는 오랜 시일에 걸쳐 서로 도움을 주고받는 호혜적(互惠的) 관계이다.

미국 사회학계의 석학 Alvin Gouldner(1960)는 호혜적 규범은 '주고받는 원칙'(the principle of give and take)에 바탕을 두고 있으며 이 원칙은 사회적 관계를 조절하고 화합시키며 사회체계의 안정을 구축하는 시멘트(접착제) 역할을 한다고 했다.

이 호혜적 규범에 의해서 조정되는 인간관계는 상대방을 착취하는 관계가 아니다. 이 규범하에서는 과거에 받은 도움을 시간이 지난 후, 즉 장래에 갚을 수가 있다. 이런 관계에서는 제공한 도움과 받은 혜택을 엄격히 판단하기가 어렵고 주고받는 것을 계산하거나 특정한 주고받는 행위를 요청하지도 않는다. 따라서 누가 부채를 지고 누가 혜택을 더 주었는지 확실히 모른다. 이와 같이 똑같은 것을 교환하지 않아도 되고 시간적으로도 주고받는 데 제한이 없어 결과적으로 양편이 모두 상대방에게 신세를 지게 되어 장기적으로 상호 의존적 관계를 이룩하게 된다.

똑같은 혜택을 장래에 받을 생각을 하지 않으면서 도움을 주고받는 관계이다. 이런 관계에서는 영원히 상대방의 신세를 질 가능성이 많다. 이 관계는 균형을 이루는 물물교환이나 교환적 관계와는 다르다. 균형을 이루는 관계에서는 양측이 같은 정도의 양으로 그리고 비슷한 종류의 도움을 주고받으며 주어진 도움을 일정한 기간 내에 돌려주어야 한다. 이 관계는 불안정하며 오래 계속되기가 어렵고 쉽게 무너질 수 있다.

앞 장에서 논의한 부모·자녀 사이의 호혜적 관계는 위와 같은 Gouldner의 호혜적 관계와 비슷하다고 볼 수 있다. 특히 부모가 자녀에게 베푼 도움은 얼마를 주고 얼마를 받겠다고 계산을 하고서 준 것이 아니며, 자녀 측에서도 얼마를 받았기 때문에 얼마를 부모에게 돌려준다는 계산을 해서 하는 교환관계가 아니라는 점에서 그러하다.

즉 호혜적 관계에서는 자녀가 부모에게 해야 할 의무에 대한 엄격한 지침이 없다. 그래서 자녀는 그들의 개인적 자유재량에 따라 무엇을 어느 정도로 부모에게 해야 하는가를 결정할 수 있다.

이렇게 자유재량에 따라 부모에게 할 바를 결정하는 데는 Gouldner가 지적한 바와 같이 책임성 또는 의무감이 중요한 요인으로 작용한다. 그가 책임성이 중요하다고 지적한 점은 부모·자녀 관계에서 책임 또는 의무를 중요시하는 한국인을 포함한 동아시아 사람들의 가족 중심적 도의심과 가족에 대한 의무감과 일맥상통하는 것이라고 볼 수 있다.

| 균형과 불균형

그런데 위의 교호적 관계에서 주고받는 도움에 균형 또는 밸런스(balance)가 이루어져야 하는가?

부모와 자녀가 도움과 혜택을 교환하는 데 대해서 공자와 그의 제자들은 그들이 작성한 경전에서 자녀와 부모가 상대방으로부터 받은 것의 얼마만큼(수량과 정도)을 갚아야 한다는 구체적 규정을 세워 놓지는 않았다. 다만 부모의 은혜를 갚기 위한 여러 가지 방식들과 보은과 관련된 도의적인 원칙만을 제시해 놓았다.

자녀는 태어나서부터 성인이 될 때까지 부모로부터 깊은 애정과 많은 지원을 받고 성인이 된 뒤에도 계속 부모로부터 사랑과 지원을 받는다. 태어나서 20~30년이 지난 후에 성인이 되어 그때서야 고령이 된 부모에게 은혜를 갚기 시작할 수 있게 된다.

그러니까 이런 커다란 주고받는 회전은 상당히 긴 세월을 두고 진행된다. 물론 이보다도 더 짧은 기간/시간—하루, 일주일, 한 달—사이에도 부모·자녀 간에 다양한 소규모의 교환들이 이루어진다.

그런데 부모로부터는 생명과 신체(몸)를 받고 장기간에 걸친 지원을 받았기 때문에 자녀는 아무리 열심히 이를 갚는다 해도 그 은혜의 다만 일부분도 갚기가 어렵다. 따라서 부모로부터 받은 은혜와 자녀가 갚는 것과의 균형을 이룬다는 것은 불가능하다고 본다.

Gouldner가 논한 교호적 관계에 대해서 한국의 문화적 맥락에서 사는 우리가 수정·보완할 점은 교환의 균형(형평성)과 불균형에 관한 것이다.

균형(均衡)적 교환이라 함은 주는 것의 양, 정도 및 종류가 받는 것의 양, 정도 및 종류와 같다는 뜻이다. 즉 주는 혜택이나 도움과 돌려받는 혜택이나 도움이 밸런스가 있게 교환되는 것이다.

우리의 가족생활에서는 도움을 받은 자녀 또는 부모가 이것을 갚는 데 있어 대개의 경우는 그 갚는 것이 물질적인 것(물건) 또는 비물질적인 것만 한다고 종류를 정하는 경우가 거의 없다. 가족원들 사이에서 교환되는 도움이나 혜택은 특정한 종류에 한하지 않고 여러 가지를 받고 또 주고 한다. 어느 종류이든 후의로 주는 것은 받아들이는 것이 상례이다.

부모로부터 받은 도움이나 은혜는 자녀가 이와 똑같은 정도의 도움이나 은혜로 부모에게 갚을 생각을 할 수가 없다. 부모의 은혜는 너무나 깊고 크며 끝이 없기 때문이다. 그래서 우리의 문화에서는 부모의 은혜는 자녀가 무슨 짓을 해도 갚을 수가 없다는 믿음과 가치관이 널리 퍼져 있다. 따라서 우리는 일반적으로 부모·자녀 사이에는 은혜를 갚기 위한 도움이나 혜택의 교환이 균형 있게 이루어질 수가 없는 것으로 보고 있다.

일본의 가족원들(주로 부모와 자녀)과 미국의 가족원들(역시 주로 부모와 자녀)이 도움이나 혜택을 주고받는 관계를 조사한 연구(Akiyama, Antonucci & Campbell, 1990)에 의하면 미국인들이 도움을 교환하는 상황과 일본인들이 이를 교환하는 상황에는 차이가 있다.

우리와 문화적 맥락이 비슷한 일본의 노부모와 가족원들은 교환의 균형/형평에 구애받지 않고 무엇이든 주고받는가 하면 미국의 노부모와 가족원들 사이에서는 같은 것을 같은 정도로 주고받는 교환이 이루어지는 특징이 나타났다.

미국의 가족원들은 교환을 하는 데 있어 물질적인 것과 비물질적인 것을 혼합하지 않고 물질적인 도움이나 혜택에 대해서는 물질로 갚는 버릇이 있다. 즉 미국의 부모는 자기네들이 받은 것과 같은 종류의 것을 딸과 며느리에게 돌려준다. 주고받는 것들의 양이나 종류까지도 같다고 한다. 균형이 있는 교환이 이루어지고 있다는 것이다.

이와 대조적으로 일본의 부모는 자녀(며느리와 딸)로부터 무엇을 받았든 간에 애정(사랑)이나 감사, 칭찬으로 갚는 경향이 있다. 즉 물질적인 것에 대해서 애정적 및 정서적인 것으로 갚는다.

그래서 이들 연구자들에 의하면 미국의 가족원들은 균형이 있는 교환을 선호하며 이들 사이에는 받은 것과 같은 종류, 같은 가치를 가진 것을 즉시 갚는 교환 규칙이 통용되고 있다. 미국의 노부모는 자녀로부터 도움, 혜택 또는 선물을 받으면 이를 도로 갚아 주어야만 마음이 편하고 공평한 짓을 했다고 보는 성향을 갖고 있다. 이러한 미국인의 태도와 행동에는 자녀와 부모가 서로 독립된 개인으로서 상대방에게 의존하지 않겠다는 개인적인 심정과 사회적인 가치가 반영되어 있다고 볼 수 있다.

한편 일본의 노부모들은 자녀와의 교환관계에서 두 가지 형태의 교환을 한다고 한다. 즉 가족원들 사이에서는 '비균형적 교환'을 하고 가족 외의 사람들과의 교환에서는 '균형적 교환'을 한다는 것이다.

즉 가족원들 사이에서는 표현적인(비물질적인 것: 애정, 감사, 칭찬, 예우) 것을, 교환하는 것을 더 중요시하며 널리 활용하고 있다. 하지만 가족이 아닌 사람들에게는 균형이 잡힌 교환으로서 같은 종류의 것을 정해진 시간 내에 돌려주는 관행이다.

일본인들은 가족원들 사이에서는 위에서 지적하였듯이 받은 것이 무엇이든 간에 표현적인 것(애정, 감사 등)으로 갚는 관습이 널리 행해지고 있다. 비균형적인 교환관계가 이루어지는 것이다. 재미있는 현상은 일본에서는 가족원들 사이에 물질적인 것을 주고받는 것이 자칫하면 가족원과의 깊은 애정적인 관계를 얕보는 또는 모욕하는 것으로 해석되는 경향이 있다는 점이다. 사랑과 감사는 수량적으로 또는 물질적으로 표현하기가 어렵다고 보는 성향이 짙어서 그런 반응을 보이는 것으로 볼 수 있다. 받은 은혜를 물질적인 것으로 갚는 것은 어렵다고 보는 시각을 일본인들도 가지는 것으로 보인다. 앞서 Gouldner가 지적한 바 조건이 붙지 않는 은혜를 받은 사람은 영원히 빚을 진다는 태도가 반영되고 있다.

한편 교환이론가는 두 사람이 교환하는 관계에서는 서로가 주고받는 것이 같게 형평이 이루어지지 않으면 그 관계는 무너지고 만다고 한다. 균형이 이루어지지 못하면 한편의 자치권이 침해되거나 서로가 갈등관계에 빠지게 되며 그 관계는 계속되지 못한다고 주장한다.

그러나 의무와 책임을 바탕으로 유지되는 두 사람 사이의 교호적 관계에서는 대개의 경우 위에서 소개한 Gouldner의 논리와 Akiyama 등 연구자들이 보고한 바와 같이 정확히 똑같은 양의 도움을 상대방으로부터 받을 기대를 하지 않기 때문에 양자 간의 갈등관계와 불균형이 생긴다고 해도 조만간 그것이 조절되거나 해소될 수 있다고 본다.

부모와 자녀 사이에는 오랜 시일에 걸쳐 직접적, 간접적이고 다양한 방법으로 호혜적 교환이 계속된다.

자녀는 부모의 은혜를 갚지 못하며 영원히 부모의 신세를 지고 살게 된다.

그러나 자녀는 고령의 부모에게 이를 갚는 방향으로 책임을 수행해 나간다. 이제 인생의 종말에 가까워진 부모에게는 이때의 지원이 가장 고귀한 것이 된다. 이렇게 노부모는 자녀에게 의존하게 된다. 결과적으로 자녀와 부모는 인생의 긴 과정의 최종단계에서 상호 의존하며 부양하는 친밀한 관계를 이룩하게 되는 것이다.

| 책임성 있는 교환

책임을 바탕으로 이루어지는 부모·자녀 사이의 교호적 관계, 즉 서로 도움 혹은 혜택을 의무적으로 주고받는 관계는 부모와 자녀 쌍방에 도움이 된다.

고령의 부모는 과거에 자녀에게 다대한 지원을 해 주었지만 이 제 인생의 말기에 이르러 그렇게 할 힘이 없어졌다. 이때 자녀는 과거에 부모로부터 받은 혜택을 노경에 사정이 어려워진 부모에게 갚는 식으로 지원을 하게 된다.

교호적 관계는 어떤 특정한 시기나 일정한 시점(時点)을 두고 설 명할 수 없다. 이 관계는 자녀가 태어나서 아동기를 거쳐 성인이 되고 자신이 노인이 될 때까지 장기간을 두고 설명해야 한다. 자녀 와 부모의 일평생의 긴 세월을 두고 보아야 하겠다. 부모·자녀 간 의 지원관계는 생활주기 전반에 걸쳐 이루어지기 때문이다.

이 관계를 유지하는 데 매우 중요한 요건은 앞서 지적하였듯이 서로에 대한 '의무'와 '책임'이다(의무와 책임은 같은 뜻을 가진다).

고령의 부모는 물질적인 지원을 자녀에게 제공하지 못한다 하여 도 자녀가 필요로 하는 위로, 격려, 정신적 지원을 그분들이 오랜 세월에 걸쳐 쌓은 경험, 정보 및 지혜로써 제공할 수 있어 자녀로부터 노령기에 받는 도움을 상당한 정도로 보상할 수 있다.

자녀는 오랜 기간 동안 부모에게 의존하며 지원을 받다가 성인이 되면 부모를 부양하기 시작한다. 부양을 하는 자녀에게는 여러 가지 어려움이 있을 수 있다. 연로한 부모를 부양하는 일은 자녀에게 정신적·경제적 및 육체적 부담이 될 수 있다. 부모의 연령이 높아질수록 그 부담은 커진다. 특히 만성질환으로 와병 중인 부모를 간병하는 자녀의 경우는 더 크다. 부담을 진다는 데는 희생을 한다는 뜻이 포함된다.

그렇지만 부모는 자녀가 희생하는 것을 원치 않는다.

대다수의 부모들은 자녀에게 부담이 되기를 원치 않는 것이다. 이러한 부모의 염원에도 불구하고 노년기에 들어 신체적 및 경제적으로 어려운 처지에 노인 부모는 본의 아니게 하는 수 없이 어떤 형태이든 자녀의 지원을 필요로 하게 되어 자녀에게 의존하게 된다.

| 주고받음의 균형

부모·자녀 간의 주고받는 관계를 두고 흔히 고령의 부모가 성인자녀로부터 어느 정도의 도움을 받느냐, 부모는 자녀에게 베푼 도움보다도 더 많은 지원을 자녀로부터 받는가, 그리고 부모·자녀 사이에 오고 가는 도움의 양이 균등한가 등의 질문들을 한다.

그러나 엄격히 말해서 부모·자녀 관계에서는 위에서 소개한 동서양의 석학들의 말대로 어떤 형태의 도움을 어느 정도로 주고 언제 이를 갚는다는 식의 교환조건은 존재하지 않는다.

중요한 점은 자녀와 노부모와의 상호관계는 어느 문화적 맥락에서나 의무와 책임 그리고 애정과 감사로 이루어지는 호혜적 관계라는 사실이다. 인생의 긴 과정에서 어느 시점 또는 기간에는 부모에 대한 애정이 강하고 어떤 때는 약해지는 변화가 있을 수 있다. 그러나 애정은 낮아질 수 있지만 책임과 의무감은 변하지 않고 수행하게 되는 것이다. 부모를 부양하는 데 있어서도 시시로 변할 수 있는 사랑/애정보다는 부모에 대한 의무감과 책임성이 더 중요한 것이다(성규탁, 2005, 제1장).

부모가 노령기에 들어 질병이나 장애를 갖게 되면 자녀의 책임 문제가 거론된다. 자녀가 부모를 지원할 책임을 수행하는 경우이다. 이런 경우에는 도움이 일방적으로 자녀로부터 부모에게 흘러가는 것으로 볼 수 있다. 여기에서 소위 부모·자녀 관계의 불균형이 조성될 수 있다. 재정적인 힘이 있는 부모는 그렇지 않겠지만 그렇지 못한 부모는 자녀의 지원에 보답할 방법이 없다. 이러한 불균형한 관계를 가진 노부모는 가정 내에서 권위가 떨어지고 자녀보다 발언권이 약해질 수 있다.

그러나 위에서 논한 바와 같이 부모·자녀 관계 또는 세대관계를 반드시 불균형한 관계 또는 갈등이 발생하는 관계로만 볼 수 없다.

부모·자녀 관계는 사람의 한평생 동안 이어지는 하나의 연속적인 과정으로 보아야겠다. 어릴 때부터 노령기에 이르는 긴 '과정'을 두고 세대 간에 진행되는 주고받는 관계가 '연속'되는 상황을 관찰해 나갈 필요가 있다. 이 과정에서 부모와 자녀는 수많은 크고 작은 도움을 연속적으로 주고받아 나가고 있다. 일반적으로 아동기에는 부모로부터 도움을 받고 성장해서는 부모에게 도움을 주며 노령기에는 자녀로부터 도움을 받기도 하고 주기도 한다. 이렇게 긴 과정을 두고 보면 세대 간에 호혜적으로 이루어지는 상호 의존적 관계가 연속적으로 진행되는 상황이 드러나 보인다. 이 과정의 어떤 시점에서는 교환이 형평을 이루는 것 같이 보이겠지만 대개의 경우는 그렇지 못할 것이다. 왜냐하면 누차 지적했듯이 부모가 자녀에게 베푼 것은 너무나도 크고, 깊고, 많기 때문에 자녀가 하는 것은 언제나 작게 보인다.

어떻든 일단 노부모가 자기를 스스로 보살필 수가 없는 단계에 이르면 앞서 논한 바와 같이 호혜적 관계에 따라 긴 인생의 연속선상에서 부모의 도움을 받아 온 자녀가 드디어 부모부양에 대한 무거운 책임을 수행하게 된다. 이렇게 책임을 지는 것은 우리의 문화적 맥락에서 보편적인 가치이며 지켜야 하는 사회적 규범으로 되어 왔다. 이것이 바로 효의 실천이다.

여기에서 자녀의 노부모에 대한 책임이 다시 중요한 변수로 떠오른다.

| 책임의 공통성

문화적 맥락에 따라 노인에 대한 태도에 차이가 있음에도 불구하고 일본여성과 미국여성을 비교 조사한 결과를 보면 일본과 미국의 노부모를 부양하는 여성들이 다 같이 노인부양은 가족의 책임이라고 지적한 것이다(Campbell & Brody, 1985).

저자의 연구에서도 이와 비슷한 결과가 나왔다(성규탁, 2005, 제13장). 즉 노부모를 봉양하는 한국인들과 미국인들에게 어떤 이유로 노령의 부모님을 부양하느냐는 질문을 한 결과 두 비교집단들이 다 같이 부모부양을 하는 첫째 이유로 부모에 대한 '의무 내지 책임'을 지적하였다. 우연의 일치로서 문화가 다른 두 집단들이 모두 책임과 의무 때문에 부모를 보호 부양한다는 것이다. 그런데 우리의 문화적 맥락에서는 오랜 세대를 두고 책임감을 가지고 부모를 부양하는 것을 효도라고 보아 왔다.

위에서 소개한 서양학자 Gouldner도 부모·자녀 관계는 의무와 책임이 개재되는 관계로서 안정되고 지속되는 관계라고 지적하였는데, 이 점은 부모·자녀 간의 관계에서 책임을 강조하는 동양사회의 사정과 상통한다고 볼 수 있다. 이 사실은 우리의 문화적 맥락에서 이루어지는 자녀와 부모의 호혜적 도리는 서양의 개인주의 사회에도 통용됨을 시사하는 것이다.

| 주고받는 도움

부모와 자녀 사이의 도움을 주고받는 교호적 관계는 자녀가 성장하여 가족을 중심으로 사회생활을 하게 될 때 이루어질 수 있다. 즉 자녀가 정상적인 사회관계를 유지하면서 부모에 대한 의무를 수행할 능력이 있을 때 실행되는 것이다.

교호적 관계에서 자녀는 부모에게 부탁해서 받은 도움이 있고 부탁하지 않아도 주어진 도움도 있을 것이다. 운이 좋은 자녀는 자라나는 데 필요한 여러 가지 혜택을 받을 뿐만 아니라 장래 발전을 위해 필요한 도움도 받을 것이다.

여기에서 부모로부터 받은 도움과 혜택을 어떻게 갚느냐는 문제가 나온다. 자녀의 책임수행 과제에 부딪친다.

자녀에 대한 책임을 적게 수행한 부모에 대해서는 자녀가 책임을 적게 수행할 수 있을 것이다. 극단적으로 부모로부터 학대를 받았거나 열악한 대우를 받은 자녀는 부모에 대한 의무를 전혀 수행하지 않을 수도 있을 것이다. 자녀와 거리를 갖고 소원한 관계를 가진 부모는 그에 비등한 정도로 적은 도움을 자녀로부터 받을 수 있다. 즉 그러한 관계와 비교될 만한 정도의 지원을 받게 되는 것이다.

앞서 논의한 균형이 잡힌 교환관계를 이룰 수도 있는 것이다. 그러나 이런 경우는 있을 수는 있지만 효를 실행하는 데 있어 바람직한 방법이라고 보기는 어렵다.

비록 부모로부터 좋은 양육을 받지 못했거나 부모와 소원한 관계를 가진 자녀도 부모에게 선행을 할 수 있다. 즉 도움이 필요한 노경의 부모를 도의적으로 보살피고 지원할 수 있는 것이다.

교환이론가의 논조에 의하면 부모·자녀 관계에서도 대등한 교환이 있어야 한다. 즉 받은 정도로 갚아야 한다는 것이다. 그러나 어느 자녀도 받은 정도만 갚는 데 그치지 않는다. 도의적으로 그리고 의무적으로 또 그 이상으로도 갚을 수 있는 것이다.

부모와 자녀 사이의 관계는 그 깊이와 범위가 다양하고 복잡할 수 있기 때문에 이들의 교호적 관계에서도 복잡성, 강도 및 헌신 정도가 다를 수 있다. 개인에 따라 그 관계는 매우 다양하고 여러 가지 다른 점들이 있을 수 있는 것이다.

앞서 논한 바와 같이 자녀가 부모에 대한 의무는 특이한 성질의 것이다. 그 의무는 친구에 대한 의무와 다르다. 무엇보다도 부모는 대가를 바라지 않고 갚아 줄 것을 기대하지 않고 긴 세월에 걸쳐 자녀에게 도움을 주었기 때문에 친구나 다른 사람들이 제공한 도움과는 근본적으로 그 성질이 다르다.

교호적 관계에서 혜택을 받은 사람은 혜택을 준 사람이 요청하는 것을 해 주고 그가 지시하는 바를 따른다. 이러한 행동은 하나의 도의적인 의무이다. 부모·자녀 관계에서도 역시 혜택을 받은 자녀는 이러한 행동을 할 의무가 있다고 본다.

| 호혜적 관계와 책임

앞서 소개하였지만 퇴계가 강조한 "자녀는 부모를 보호 부양하고 부모는 자녀를 인자하게 보살펴 주는 것"이라는 구절은 부모·자녀 사이에서 자연적으로 나타나는 교호적 관계를 책임 있게 유지해야 함을 타일러 주는 교훈이라고 본다.

자녀가 부모에 대한 감사는 자녀가 부모로부터 얻은 혜택을 인식할 때 갖게 된다. 실제로 자녀가 부모를 부양하는 행위는 부모의 은혜를 받은 후 여러 해 뒤에 성인이 되어 하게 마련이다. 성인이 된 자녀의 도덕성이 높을 수록 이 행위가 일어날 가망성이 더 높아진다. 여기에 개입되는 사항이 자녀와 부모 사이의 호혜적 관계이며 이 관계를 안정시키는 요인이 서로에 대한 책임성과 의무감이다.

가족 주변의 사정이 변하고 있고 개개 가족의 생활형편, 자조능력, 안정성, 응집력이 다르기는 하지만 한 가지 공통적인 점은 가족 성원들 사이에 교호적인 관계가 꾸준히 계속되고 있으며 사회변동으로 가족관계가 약화된다는 염려가 있지만 가족 성원들은 서로의 안녕과 가족의 번영에 대한 의무감을 변함없이 간직하고 있다는 사실이다(Sung, 2007). 한국 가족에 대한 연구는 계속되고 있지만 위와 같은 특성이 소멸되었다는 증거는 나오지 않고 있다.

우리는 동일한 역사적 배경, 언어, 문화를 가지며 국가적 통합을 중요시하고 상호 의존적으로 지원하는 관행을 지켜 온 민족이다. 근년에 산업화와 도시화를 거치는 동안 이런 전통적 관행이 약화되었다고 하나 더 강화되는 경향이라는 견해도 있다(Cho, 1987; 신용하, 2004).

한국에서는 노인부양의 전통적 관행을 권장하기 위해 경로운동, 경로주간, 효행상 등 제도를 설정하여 민간과 정부가 협동해서 구체적인 노력을 하고 있다. 이런 노력은 한국사회의 고령자 지원을 위한 사회적 책임성을 반영하는 것이다.

이와 같은 사회공작(social engineering)을 하는 노력의 바탕은 역시 효의 가치이다. 이 가치를 바탕으로 하여 책임성 있는 호혜적인 부모·자녀 관계를 발전해 나간다면 우리는 서양 사람들과 다른 세대관계를 발전적으로 유지해 나갈 수 있을 것으로 본다.

| 가족기능의 보완

그러한 호혜적인 세대관계를 중요시하고 유지하는 사회적 맥락에서도 산업화-도시화된 현 생활환경에서는 유감스럽게도 자녀의 책임을 수행하지 못하는 사례들이 발생하고 있다.

흔히 있을 수 있는 일이지만 자녀의 사정으로 부모부양 부담을 전적으로 질 수 없을 경우에는 가족 외부의 자원(서비스와 도움)을 활용할 수 있어야 한다. 즉 가족과 친지로 이루어진 비공식 지원망과 사회보건의료 서비스기관들로 이루어진 공식적 지원망을 함께 활용하는 것이다.

물론 외부의 지원을 구하기 전에는 해당 고령자의 배우자, 자녀, 친척, 이웃으로부터 얻을 수 있는 도움을 먼저 활용해야 한다. 가족의 지원 능력이 상당한 정도로 있다고 하여도 병약한 고령자가 필요로 하는 전문적 서비스(예: 의료진찰 및 시술, 사회심리적 상담, 직업재활, 간병자 교육 등)는 외부로부터 받아야 한다.

특히 사회적으로 불리한 생활조건하에서 노부모를 부양하는 가족들은 외부로부터 받을 수 있는 전문적 서비스를 필요로 하고 있다.

사회구조적이거나 시장경제적인 이유로 가족은 흔히 자체의 능력만으로는 특히 고령이고 장애가 있는 가족원들을 보호 부양하는 부담을 감당하지 못하는 경우가 많다. 그리고 가족은 부양에 관한 전문적 지식이 없거나 부족하여 이런 가족원들을 위한 서비스를 제공하지 못한다. 따라서 이와 같은 어려움에 처한 가족에게 국가와 사회는 지원서비스를 제공해 주어야 한다.

이상적으로는 가족의 보호부양 능력과 국가의 공식적 지원을 적절히 통합해 줌으로써 고령자 복지 증진에 기여할 수 있다.

의료보건 및 사회복지 전문가들의 개입으로 가족이 부딪치는 스트레스와 어려움을 상당한 정도로 해소할 수 있다.

이러한 서비스를 위해 국가사회는 보다 많은 자원과 에너지를 투입해야 한다. 그리고 노인을 위한 서비스는 곧 가족을 위한 서비스가 되기 때문에 이 지원은 값있는 것이다.

앞서 인용한 Litwak(1985) 교수(저자가 미시간대학에서 배운 은사)는 가족의 구조와 서비스전달체계를 알맞게 결합시키는 가족형태가 곧 수정확대가족이라고 했다. 이 수정확대가족에서는 가족이 제공하는 비공식적 서비스를 외부체계가 제공하는 공식적 서비스로 보완 내지 강화를 한다. 이것은 위에서 지적한 통합체계와 상통하는 방법이다.

이런 상호 보완적인 관계를 유지하면서도 가족의 연대성을 약화하거나 가족의 부양역할을 빼앗지 않고서 그리고 사회와 국가에게 과중한 재정적 부담을 끼치지 않으면서 고령자 부양을 할 수 있다는 것이다.

오늘날 한국 가족들의 대다수는 Litwak 교수가 제시한 수정확대가족의 형태와 비슷한 가족으로 변해 가고 있는 것으로 보인다. 이러한 확대된 가족을 통해서 고령자 지원에 필요한 가족의 자원과 정부 및 사회의 자원을 모아서 통합할 수 있다고 본다.

가족은 전문적인 지원을 하는 데는 한계가 있으나 부모에게 질적(정서적, 애정적, 인간적)인 지원을 제공하는 데는 강하다. 우리는 소득, 건강, 주택, 레크리에이션, 재활서비스, 고용, 사회서비스, 세금감면 등 고령자들을 위한 수단적 지원을 강조하는 동시에 질적인 차원—애정, 존경, 보살핌 등 정서적인 지원—에도 많은 관심을 가져야 하겠다. 이러한 질적인 지원은 가족이 제일 잘할 수 있다. 그리고 정책적인 시각에서 보면 이 질적인 요소 또는 가치가 궁극적으로는 노부모를 위한 보살핌과 부양의 범위와 정도를 결정하는 데 커다란 영향을 끼칠 수 있다. 우리의 생활수준이 향상될수록 질적인 서비스의 필요성이 더 커질 것으로 본다.

3장

세대 간의 상호지원

| 발전적인 시각

우리는 부모부양을 해 나가는 데 있어 전통적 효의 이념과 관행을 유지해 가는 동시에 가족 내외의 변화에 적응해 나가는 양면적 접근방법을 택할 필요가 있다.

그렇다면 변화에 적응하면서 부모와 자녀가 서로 지원해 가기 위해서는 이 책에서 강조한 호혜적 관계를 발전적으로 실천해 나갈 필요가 있다.

노부모와 노인을 보살피고 부양하는 일은 사회에 보편화되어 있는 가치에 의해서 크게 좌우된다(Streib, 1987; Homes & Holmes, 1995; Liu & Kendig, 2000). 한 사회가 노인을 중요시하는 가치를 가지면 그 사회가 노인을 대접하는 방식에서 그 가치가 나타날 것이며 노인에게 제공하는 서비스의 양과 질에도 그 가치가 반영될 것이다.

한국에서 효를 권장하기 위해 실시되고 있는 경로일을 비롯한 일련의 경로행사들은 곧 한국인들이 효를 실천하려는 의식적이고 적극적인 노력을 반영한다. 이러한 노력의 기저에 담겨져 있는 것은 효의 가치이다.

효를 간직하려는 노력은 고령의 부모를 비롯한 모든 가족원들을 책임성 있게 보호 부양하여 안정된 가족 및 사회를 이룩하는 데 그 목적이 있다고 본다. 따라서 한국적인 노인복지의 방향을 설정하는 데 효의 이념을 반드시 고려해야 하겠다.

그러나 오늘날 이 행동문화의 수정이 불가피하게 되었다. 전통사회에서는 효의 이념을 실현하는 데 강압적이고 규제적인 방편을 사용하는 폐습이 있었지만 현대사회에서는 그렇게 하기가 어려울 뿐만 아니라 그렇게 해서는 안 되게 되었다.

권위주의적인 인간관계로부터 부모·자녀, 노소가 서로 존중하고 지지하는 방향으로 전환되어야 하겠다. 부모·자녀 관계의 현대화가 필요한 것이다.

농경사회의 대가족제도하에서나 할 수 있었던 옛 방식으로는 하기가 어렵게 되었다. 효의 기본적 이념은 시대가 달라져도 변하지 않지만 이를 행동으로 표현하는 데 있어서는 인습 고수적으로 해나갈 수 없게 되었다. 옛 인습을 피동적으로 수렴하고 집단행동에 무조건 순응하며 생활하던 시대로부터 우리의 생활현실은 멀어졌다.

우리 사회에는 효를 강조하는 사람들은 많지만 효를 새 시대에 알맞은 방식으로 표현하고 실천하는 데 대한 지침을 체계적으로 제시한 사람들은 그 수가 적다.

효행은 효의 원리에 따라 개개인이 실천하는 행동이기 때문에 개인이 처해 있는 가정적 및 사회적 여건 속에서 개인의 의지에 따라 창의적으로 실행되어야 하며 국가나 지휘자의 지시에 따라 행해져서는 진정한 효가 되기 어렵다고 본다.

전통문화는 획일적이고 권위주의적인 영향력을 우리에게 미쳐 왔다. 그리하여 우리는 먹는 음식, 일상생활에서 취하는 행동, 생각하는 방식에서까지도 고정된 것들을 순봉하는 경향이 있다. 부모에 대한 효행도 기왕에 했던 방식을 따라야 한다는 관념에서 벗어나지 못하고 있다.

이러한 상황에서 벅찬 사회변동에 대응해야 할 새 세대는 옛 방식으로 부모를 모시기가 어렵기 때문에 부모부양에 대해 좌절감을 느끼고 불만을 갖는 경우가 흔히 있다.

새 시대에는 흡수해야 할 새 지식이 상상할 수 없을 정도로 빨리 늘어나며 산업사회생활에 신속히 적응하기 위해 빠른 속도로 활동해야 할 필요성이 증대하고 있다. 이 역동적인 변동에 적응하지 않고서는 생존할 수 없는 환경에서 우리는 살고 있다. 그래서 전통적 방법에 얽매여 있는 상태에서는 이런 새 환경이 조성하는 문제를 극복, 해소하기가 어렵다.

| 주어진 환경과 효

발전적인 호혜적 관계를 재정립하는 원동력은 역시 애정, 존경, 책임, 보은, 희생, 가족 화합 등의 효행동기가 될 것이다. 새로운 사회 환경에 적응하는 부모부양방식의 기저에도 이들 효행동기가 놓여 있어야 한다. 효행동기, 즉 부모부양의지는 부모와 자녀 간에 신뢰와 상호부조의 안정된 교호적 관계를 조성하는 힘이 된다.

이 의지는 흔히 공공연히 표현되지 않고 행동의 뒷면에 숨겨져 있다. 그러나 그 의지는 효심이 있는 성인자녀의 마음속 깊이 내재(內在)해 있는 것이다. 다만 그것은 태도와 행동으로 표면화되는 데 있어 개인이 처해 있는 환경적 조건에 따라 다를 수 있다. 따라서 효행이 이루어지는 환경에 대한 이해가 필요하다.

그러면 새로운 생활환경에 적응하면서 행하는 효행은 어떤 방향으로 이루어져야 하는가?

새 시대의 효는 획일적이고 경직된 행동적 표현이 되어서도 안 되겠다. 자녀와 부모가 다 같이 융통성 있게 서로가 받아들일 수 있는 교호적 관계를 이루어서 표현되어야 하겠다.

우리는 흔히 효도에 대해 이야기할 때 개개인이 처해 있는 특수한 사정을 고려하지 않고 획일적으로 말한다. 예로 원칙론자들은 이러한 개개인의 특정한 사정을 배려치 않고 부모·자녀 관계의 기본적 원칙만을 제시한다. 현실은 이러한 단순한 접근을 하기에는 너무나 복잡하다.

주어진 환경적 조건에 비추어 서로 취해야 할 태도와 행동을 판단하고 수렴할 범위와 정도를 판정할 수 있어야 하겠다. 모든 사람들에게 통용되는 부모부양의 기준을 둘 필요가 있겠으나 한편으로는 각각의 부모·자녀의 짝이 처해 있는 환경적 조건을 감안하여 각자의 처지에 맞는 효를 행하는 것이 옳다고 본다. 즉 자기들에게 주어진 가족적, 경제적 및 사회적 형편에 맞는 효를 행하는 것이다.

자신의 행동에 대해서 먼저 자기 스스로 최선을 다해서 성의껏 판단해 보는 것이다. 성숙한 성인으로서 자기실현을 하는 방향으로

부모와 자기와의 상호관계를 개발해 가는 뜻에서 효행이 이루어짐
이 바람직하다는 뜻이다.

| 자녀의 보은

이 책의 주제인 부모와 자녀 사이의 교호적 관계를 이루어야 할
중요한 이유는 부모가 자녀를 어릴 때부터 양육하고 지원한 데 대
해 자녀도 노경에 들어 도움이 필요한 부모를 지원함이 마땅하다
는 것이다.

대다수의 자녀와 부모는 다양한 도움을 여러 가지 방법으로 서
로 주고받는다.

고령의 부모는 친하게 지내던 사람들이 하나둘 세상을 떠나고
활동적인 때도 지났으며 수입도 적어졌거나 없어졌고 의료비와 잡
비가 언제나 모자란다. 자녀로부터 도움을 받아야 하는 처지가 된
것이다.

이제부터 자녀는 부모로부터 받은 은혜를 교호적으로 갚아 드리
게 된다. 부모·자녀의 교호적 관계에서 가장 대표적이고 중요한
교환이 이루어지는 것이다.

그러나 어느 경우나 자녀와 부모가 받은 것과 주는 것을 균형
있게 교환하고 있다고 말하기는 어렵다. 자녀는 부모에게 생명, 양
육, 애정을 포함한 한없이 많고 깊은 은혜를 입고 있기 때문에 아
무리 많이 갚는다 해도 이를 갚을 수가 없다. 더욱이 부모는 자녀

로부터 보답을 받으려고 그들을 지원한 것이 아니다. 그래서 부모의 은혜는 얼마를 갚아야 하는지 그 한도가 없다. 게다가 부모에게 은혜를 갚는다는 것은 시간적이고 수량적인 한계와 규정이 없어 지극히 어렵다. 이 때문에 부모·자녀 사이의 교환에 있어 주고받는 것의 균형을 잡기란 매우 어려운 것이다.

그러나 효성스러운 자녀는 개인적인 사정에 따라 최선을 다하면서 부모로부터 받은 도움에 보답하려고 인간적인 노력을 해 나간다. 이러한 목적을 향해서 노력해 나가는 과정이 바로 효행이라고 본다.

| 교호적 관계

부모·자녀 관계를 말할 때 많이 나오는 질문은 자녀와 부모가 어느 정도로 교호적 관계, 즉 서로 도움을 주고받는 상호 교환적인 관계를 갖는가이다.

앞 장에서 논의한 교환의 '균형-불균형'과 관련된 질문이다.

다음으로 부모를 부양하는 자녀의 부담과 특히 손끝으로 시중을 하는 여성(며느리, 딸)의 부모를 위한 희생이 어느 정도 되느냐는 질문이 나온다.

부모의 연령이 높아짐에 따라 오랜 세월 동안 부모로부터 지원을 받은 자녀는 이제 지원을 하는 측이 되고 노부모는 지원을 받는 측이 된다.

그런데 조심스럽게 관찰을 하면 부모·자녀 사이의 지원을 한쪽으로만 가는 것이 아니다. 고령의 부모는 자녀로부터 받는 입장에 들어섰다고 하지만, 그분들의 다수는 계속해서 자녀에게 물질적 지원과 정서적 지원을 하고 있다. 노령의 부모가 베푸는 도움의 종류와 양이 그분들이 젊었을 때 자녀에게 제공한 것보다는 적고 다를지는 모르나 베푸는 역할은 계속되고 있는 것이다. 즉 부모는 자녀의 복리를 위해 끝없이 노력해 나가고 있다.

새 시대에는 자녀의 효행을 말하는 데 있어서도 이들의 개인적 형편(생활 정도, 연력, 성별, 가족관계, 생활환경 등)을 고려해야만 하겠다. 부모 또는 자녀 한편의 복리에만 초점을 두고 볼 수는 없다. 부모와 자녀가 다 같이 복리를 누리는 방향으로 양편의 노력이 진행되어야 한다는 교호적 시각이 필요하다.

우리의 생활 정도가 향상됨에 따라 요즘에는 부모·자녀의 교호적 관계를 말할 때 부모 평생 도움을 받은 자녀가 노부모의 '생활의 질'을 어느 정도 향상시키느냐에 기준을 두는 경우가 많다. 그래서 효를 말할 때 노부모를 위한 정신적 돌봄과 물질적 지원을 합친 전반적인 복지향상에 관심을 두게 된다. 어떻든 부모가 자녀에게 베푼 만큼 자녀도 부모에게 갚아야 한다는 주장이 나온다. 우리나라의 고령자들은 자녀에게 주기만 하고 옳게 받지를 못하는 분들이 많다는 것이다. 즉 주는 것과 받는 것이 균형을 이루지 못한다는 소리이다.

| 정서적 지원과 수단적 지원

부모·자녀의 교호적 관계에서 비록 주고받는 것에 균형을 이룰 수가 없어도 이를 위한 노력은 해 나가야 한다고 본다. 한 가지 방법은 정서적 및 수단적 지원을 상대방의 필요에 따라 적절히 제공하는 것이다.

고령자를 위한 도움이나 서비스를 논할 때 우리는 흔히 눈에 잘 보이는 것들, 예로 식사, 교통, 주거, 고용, 의료 등을 제공하는 데에만 관심을 두는 경향이 있다. 이보다는 더 질(質)적인 도움과 관련된 것, 예로 존경, 애정, 관심, 책임, 회생, 동정 등에 대해서는 그다지 관심을 안 두는 버릇이 있다. 이런 질적인 차원은 눈에 잘 보이지는 않지만 우리들의 가슴속에 잠재해 있어 우리의 심금을 울리며 도움의 질을 바꾸는 중요한 작용을 한다. 그리고 이러한 질적인 차원은 인(仁: 인간애)에 뿌리를 둔 우리의 전통적 가치를 반영하는 것이다. 이런 차원을 적절히 다루지 못해 온 것 같다.

이런 가치적인 차원이 고령자를 위한 서비스와 대우를 규정하고 개발하는 서비스개발자와 정책수립자의 판단을 좌우하는 데 매우 커다란 영향을 끼칠 수 있다. 그래서 고령자를 위한 도움이나 서비스를 고려할 때는 물질적이고 수단적인 면뿐만 아니라 질적이고 정서적인 면도 함께 고려해야 한다고 본다.

앞서 제1권 첫머리에서 논의한 바 있는데 자녀가 할 세 가지 중요한 의무 가운데 하나가 능양(能養)이다. 즉 부모에게 좋은 음식, 의복, 주거를 제공하는 의무를 말한 것이다. 이 의무는 부모를 위한 보살핌과 서비스를 제공함을 뜻한다(소학: 小學, 善行, 제6장).

부모부양은 두 가지 차원에서 거쳐 할 필요가 있다. 첫째는 수단적 부양이고, 둘째는 첫째에 못지않게 중요한 것으로서 부모의 마음을 평안하게 해 드리는 정서적 부양이다.

부양은 부모를 직접 보살피는 개인적 보살핌(personal care)도 있고 가족을 위한 서비스도 있으며 친척과 이웃을 위한 봉사도 있다.

모름지기 자녀가 하는 모든 일이 부모의 마음을 편안하고 즐겁게 할 수 있다면 이는 매우 성공적으로 효를 하는 것이 된다(명심보감: 明心寶鑑, 孝子篇).

그런데 효의 세 가지 필요조건들에서 수단적(물질적) 도움보다도 정신적 도움을 더 앞세워 지적함으로써 효의 더욱더 중요한 내용이 물질에 선행해서 정신적이고 정서적 차원에 있음을 시사한 것이다(明心寶鑑, 省心篇 上, 下).

율곡도 또한 자녀가 부모를 공경하고 봉양하는 것을 두 가지 차원으로 구분하였다. 부모의 구체(口體: 음식을 대접하고 몸을 보살피는 것)를 물질적으로 봉양하는 것과 부모의 심지(心志: 마음과 감정)를 편하도록 또 만족하도록 해 드리는 것이다(栗谷全書, 卷 27, 擊蒙要訣, 事親章). 그는 이 두 가지를 다 같이 실행해야 한다고 했다. 그러나 그도 역시 후자인 부모의 심지를 성실히 받들어 편히 모셔야 함을 강조하였다

공자(孔子)는 부모를 형식적으로만 도와서는 아니 된다고 제자들을 타일렀다. 그는 "효는 부모를 봉양함을 뜻한다. 그러나 개와 말에게도 먹을 것을 주지 않는가? 존경심을 가지고 부모를 대접하지 않는다면 부모와 동물 사이에 무엇이 다를 것이 있겠는가?"라고 했

다(논어: 論語, 爲政篇). 이는 물질적으로만 부모를 봉양해서는 충분치 못하며 마음속에서 우러나는 존경심과 온정으로 섬겨야 한다고 가리키는 말이다.

위의 논의를 정리한다면 보살핌과 서비스는 정서적인 보살핌(또는 질적 보살핌)과 수단적 보살핌(또는 물질적 보살핌)으로 나뉠 수 있다.

구체적으로 자녀가 부모를 지원한다는 것은 노령의 부모를 정서적이고 수단적으로 지원하는 것이다.

수단적인 케어로서 부모를 위한 개인적 서비스, 예로 음식을 대접하고 용돈을 제공하고 대소변 가림을 돕고 부모 곁에서 심부름하고 병간호를 하고 가사를 돌보고 침소를 정돈하고 의복을 청결히 해 드리고 이동을 돕고 세수와 목욕을 돕고 부모의 소원을 성취하는 일 등이다.

정서적인 지원으로서 와병 중일 때 간호하고 따뜻한 거처를 마련해 드리고 고독과 무료함을 덜어 드리고 충고와 가르침을 받아들이고 부모와 함께 시간을 가지고 즐거움이나 어려움을 함께 나누고 위안을 하고 동정을 하고 보살피며 항상 관심을 가지는 것을 들 수 있다.

자녀는 수단적 케어와 정서적 케어를 함께 제공함이 바람직하다. 어느 한 가지 유형의 케어만을 제공한다면 종합적인 도움을 제공할 수가 없을 뿐만 아니라 대개의 경우 노부모가 필요로 하는 바 케어 욕구를 충족하기가 어려울 것이다.

오늘날 물질적 지원이 중요하다 하여 부모에게 용돈, 교통편, 식사, 의복 등 물질적인 것만을 제공하면 된다는 태도를 가진 자녀들이 있다. 그러나 위에서 공자가 말했듯이 이러한 수단적 또는 물질적 지원과 병행해서 정서적 지원 내지 질적 지원도 노부모에게 제공해야 한다.

앞으로 우리 사회가 더 부유해지고 사회보장제도가 더 잘 운용되면 많은 노부모들은 의식주 문제는 거의 다 해결하고 정서적이고 질적인 케어를 더 갈망하게 될 것으로 본다. 이러한 욕구의 전환현상이 이미 선진 복지국가들에서는 널리 나타나고 있다.

밀접한 부모·자녀 관계는 정서적으로 가깝고 견해를 같이하고 친근성을 가지고 자주 만나 접촉하고 물질적이고 수단적인 도움도 주고받는 특징을 가진다. 한편 정서적으로 가깝고 자주 만나 가까이 살면서 좋은 관계를 유지하지만 물질적이고 수단적인 교환을 별로 아니하는 부모·자녀도 있다. 이 두 가지 유형의 관계는 대개가 부모가 필요로 하는 지원의 종류가 다르기 때문에 생길 수 있다. 부모에 대한 의무를 수행하는 것을 주목적으로 하는 자녀는 부모를 물질적 및 수단적으로는 지원하겠지만 부모와의 친근성은 낮을 수 있다. 멀리 떨어져 사는 자녀도 커뮤니케이션을 잘해서 정서적으로는 부모와 밀접할 수 있겠지만 가까이 살거나 자주 만나지를 못하고 물질적 또는 수단적인 도움을 주는 정도가 낮을 수 있다.

부모와 자녀 사이의 관계에서도 자녀와 부모 양측이 필요로 하는 도움의 종류와 생활사정이 변함에 따라 달라질 수 있다. 서로가 필요로 하는 것―정서적 지원 또는 수단적 지원―을 충족히 해 주는 방향으로 부모·자녀의 관계를 조정해 나가는 노력이 있어야 하겠다.

| 지원자의 선택

부모와 자녀의 관계도 시간의 흐름에 따라 달라질 수 있다. 자녀가 학업과 직장 때문에 부모 곁을 떠나고 결혼을 하고 부모가 은퇴를 하고 부모의 건강 상태가 나빠지고 부모 가운데 한 분이 세상을 떠나는 등의 생활주기에 따른 변동이 일어난다. 이런 변동은 부모와 자녀의 교호적 지원관계에 커다란 충격을 준다.

교호적인 지원은 두 가지로 나누어 볼 수 있다. 공식적(公式的) 지원과 비공식적(非公式的) 지원이다.

공식적 지원은 사회복지기관, 서비스제공단체, 사회보건의료전문인, 인간봉사전문인들이 제공하는 가족 외부에서 오는 지원을 말한다. 비공식적 지원은 잘 아는 사람들, 주로 가족, 친구, 이웃이 제공하는 정서적 지원에서부터 손끝으로 도와주는 간호, 가사정리 등 주로 가족과 이웃에서 이루어지는 지원이다. 고령의 부모가 받는 대부분의 지원은 가족, 특히 여성 가족원이 제공하는 비공식적 지원이다.

도움을 주는 사람들도 매우 다양할 수 있다. 먼저 가족들, 특히 배우자와 자녀들이다. 그러나 배우자와 자녀가 도움을 줄 수 없을 때는 가족이 아닌 어떤 특정한 종류의 도움을 줄 수 있는 가족 바깥 사람이 될 수 있다. 노부모가 잘 알고 있는 어떤 특정한 사람(예로 조카딸, 이웃의 아주머니 등)이 지원을 제공할 수도 있다. 그리고는 노부모와 자녀가 평소에 조직해 놓은 사회적 지원망으로부터 도움을 받을 수 있다.

부모와 자녀가 처해 있는 생활환경이 달라질 수 있고 또 도움을 줄 수 있는 사람들도 달라질 수 있다. 이 때문에 지원을 해 줄 사람도 이 사람이 아니 되면 저 사람에게 부탁하는 식으로 여러 방향으로 융통성이 있게 선정해야 한다.

| 자녀의 사정과 지원

자녀도 개인적인 특성—성별(아들, 딸), 결혼상태(기혼, 미혼), 교육 정도, 사회계층 등—에 따라 부모를 돌보는 데 차이가 있을 수 있다. 아들은 딸에 비해 직접 손끝으로 부양하는 정도가 낮다고 하지만 대개의 가정에서는 그의 아내인 며느리가 대신 부모를 부양하는 주역을 한다. 그리고 어머니를 모시느냐 또는 아버지를 모시느냐에 따라서도 다를 수 있다. 일례로 미혼인 딸은 부모를 부양하는 데 더 헌신적인 경우가 많고 부모 가운데서도 어머니에 대한 헌신 정도가 더 높은 경향이다. 사회계층에 따라서도 다를 수가 있다. 좋은 예로 저소득이고 교육 정도가 낮은 자녀가 노부모 부양에 더 헌신적인 경우가 많다. 우리는 정부(보건복지가족부)와 민간단체들(아산제단과 삼성복지재단)에서 수여하는 효행상을 받은 사람들이 대부분 저소득이고 교육 정도가 비교적 낮은 분들이라는 사실을 알고 있다.

그리고 가족의 특성에 따라서도 부양하는 정도가 다를 수 있다. 가족원들 사이의 갈등을 잘 해소하고 문제를 잘 풀어 나가면서 화

목한 가정을 이루는 가족원들은 부모를 더 잘 부양할 수 있다. 효에 대한 이해가 많고 이를 성실하게 실천하는 가족원이 가족을 인도하는 경우에는 가족원들이 노부모를 봉양하는 데 있어 더 적극적이고 헌신적일 수 있다. 직장을 가지는 여성이 많아짐에 따라 며느리와 딸이 부모부양에 기여하는 정도가 낮아진다는 염려가 있다. 그런데 요사이는 직장에 다니는 며느리와 딸도 자기들의 힘으로 하기가 어려운 돌봄은 제3자(의료원, 요양원, 사회복지관, 사회복지사, 인간봉사전문인, 일용봉사자 등)에 의뢰하거나 이들을 고용해서 필요한 만큼 노부모에게 제공하기 때문에 직장을 아니 가진 딸과 며느리 못지않게 지원을 제공하고 있다. 그리고 시장 보기, 교통편, 가사 돌보기, 정서적 지원도 후자와 같은 정도로 제공한다는 조사 결과가 나왔다. 아들은 손끝으로 하는 직접적 돌봄을 제공하는 경우가 적지만 부모를 위한 가족 바깥의 서비스 주선, 경제적 지원, 기타 외부의 지원제공자와의 연결을 한다. 요즘에는 아들도 딸들이 하는 여러 가지 돌봄과 지원을 하는 경우가 많아졌다. 그러나 일반적으로 딸과 며느리가 아들보다도 정서적이고 손끝으로 하는 돌봄, 가사 관리를 더 잘하는 것으로 알려져 있다.

한편 떨어져 사는 자녀의 경우도 역시 위와 같은 가족적 특성으로 인하여 부모를 모시는 데 있어 차이가 있을 수 있다. 떨어져 사는 경우, 특히 가족 외부의 각종 자원(서비스, 물적 지원, 정보 등)을 활용해서 노부모를 지원하는 자녀는 가까이에서 사는 자녀 못지않게 부모를 잘 돌볼 수가 있는 것이다.

그런데 자녀들이 부모를 모시는 주요 동기는 무엇인가? 다시 말하면 효행을 하는 동기가 무엇인가?

효의 동기에 대해서는 제1권에서 자세히 논의했다. 여러 가지 유형의 동기들이 있다. 즉 부모에 대한 책임 때문에, 부모를 존경해서, 가족을 화합하려고, 부모를 위해 희생하려고, 부모은혜를 갚으려고 등의 이유로 효를 하게 되는 것이다.

자녀들 가운데 부모에 대한 의무 또는 책임을 부양이유로 내세우는 이들은 부모부양에 매우 헌신적인 경향이 있다. 부모에 대한 애정보다도 책임성이 더 강한 부양동기가 되며 이런 동기를 가진 자녀는 더 적극적으로 부양하는 것으로 나타났다. 사실 애정은 있다가도 사정이 어려워지거나 마음이 변하면 살아질 수 있지만 책임성과 의무감은 어려운 사정에 봉착하더라도 부양을 꾸준히 계속하는 정신적 저력이 될 수 있는 것이다.

4장

서로 의존하는 세대관계

나와 가족, 친구, 이웃, 지역사회 및 커다란 사회와의 관계는 상호 의존적인 관계이게 마련이다. 이 관계는 나 자신의 개인적 능력, 기능, 희망, 필요에 따라 다른 사람과 도움을 주고받는 관계이다. 이것이 앞 장에서 논의한 혜택을 주고받는 호혜적 관계인 것이다. 노령기에 접어들면 이러한 관계가 매우 중요해진다.

| 의존하는 관계

대다수의 고령자들은 자녀를 가진 부모들이다. 이분들은 대개 자녀들과 함께 아니면 자녀들과 가까운 곳에서 산다. 어떤 주거형태로 살던 부모와 자녀는 서로가 어느 정도 독립적으로 서로에게 폐가 되지 않도록 생활하는 문제, 즉 의존과 독립을 저울질하면서 살아간다.

대개의 부모는 자주 자녀를 만난다. 그러나 떨어져 사는 자녀와 부모는 서로 자주 만나기가 어렵다. 떨어져 살거나 함께 살거나 부모·자녀의 관계의 질에 있어서는 차이가 없다는 사실이 국내외 연구들에서 나왔다(Climo, 1992; Sung, 2007). 일반적으로 먼 거리는 서로 사이의 접촉을 어렵게는 하지만 부모·자녀 관계의 질에는 영향을 끼치지 않는 것으로 보인다.

부모와 동거하는 자녀는 자연 부모와 만나 서로 대화하고 애정을 나누는 기회가 많다. 떨어져 사는 자녀도 부모를 가끔 방문하고 부모에게 전화를 하고 전화로 못하는 이야기는 편지로 해서 커뮤니케이션을 하면서 부모·자녀 간의 애정을 돈독하게 한다. 이와 같이 대다수의 자녀들은 자녀의 의무를 수행해 나간다. 부모로부터 받은 커다란 혜택을 갚아 보려고 노력을 하고 있다.

떨어져 사는 자녀와 부모는 상호 이해와 관용이 필요하다. 가족에 따라 차이는 있겠으나 대개의 경우 부모는 자녀가 자신들과 떨어져 살면서도 학교를 잘 다니고 그 후 알맞은 직장에 취직해서 한 가족을 이루어 어느 곳에서나 건강히 행복하게 살아가기를 바란다. 그래서 떨어져 살더라도 자녀가 잘되기만을 바라면서 자녀의 별거를 받아들인다.

서양 사람들은 이렇게 따로 살면서 부모와 따로 단독 가족을 형성한다. 정서적으로나 경제적으로 부모와 별도로 자녀 자신의 힘으로 꾸려가는 독립된 가정을 이룬다. 이렇게 부모에게 의존하지 않고 독립된 생활을 해 나가는 것을 서양문화에서는 바람직한 것으로 보고 있다.

그러나 우리의 경우는 다르다. 우리는 비록 떨어져 살기는 하여도 여전히 서로 의존하는 즉 서로 걱정하고 도와주기를 바라고 돌보아 주고 지원해 주며 서로에 대한 책임을 지는 응집된 가족관계를 지속한다. 이러한 상호 의존적 관계를 유지해 나가는 것을 부모는 기대하고 있고 또 사회는 이런 관계를 여전히 바람직한 관습으로 보고 있다.

고령의 부모는 가족원들과의 관계에서 중심적 위치를 유지하지만 경제적 및 사회적으로 독립해 사는 자녀에게 지난날과 같이 영향력을 행사하거나 명령을 하는 관계에서 서서히 물러나 이제는 그들 뒤에서 돌보아 주는, 즉 자녀가 필요할 때 지원하는 관계로 전환하게 된다. 동시에 자신의 힘으로 할 수 없는 일이 생길 때 자녀들이 지원해 주기를 기대하면서 점차 의존적인 자세를 취하게 된다.

애정관계에서도 자녀가 청소년이 되고 성인이 됨에 따라 달라진다. 애정 면에서 자녀는 아버지보다도 어머니와 더 가까운 관계를 가지게 된다. 특히 어머니와 딸 사이의 관계가 그러하다. 고령의 어머니와 성인이 된 딸은 밀접한 커뮤니케이션을 계속하고 긴밀한 관계를 유지하며 최소한의 갈등을 가지는 것이 일반적인 현상이다. 그리하여 어머니는 딸과 매우 의존적인 관계를 가진다.

이러한 가족문화 속에서 노경의 부모는 필요할 때 이들의 돌봄과 지원을 받는 의존적인 관계를 유지하면서 이 세상을 떠나기 전에 무엇이든 그들에게 도움이 될 것을 남겨 주기를 소원하며 여생을 보낸다.

| 상호 의존

부모와 자녀 사이의 교호적 관계에서 부모는 자녀에게 어떤 방식으로 지원을 하는가? 근래 부모가 자녀에게 주는 것에 대해서 왈가왈부하는 사람들이 많아졌다.

사실 노령에 접어든 부모도 여러 가지 방법으로 자녀에게 도움을 주고 있다. 이분들이 주는 도움은 정서적 도움에서부터 주택을 제공하는 것까지 다양하다. 재정적 지원, 아이 보아 주기, 식사 마련, 세탁, 청소, 정원 가꾸기 등 다양한 도움을 제공한다. 부모가 고령이 됨에 따라 손발로 하는 지원은 점차 줄어든다. 그래도 여전히 자녀들이 가장 믿을 수 있는 후견자요 상담자로서 도움을 계속 제공한다. 재정적 지원도 물론 한다. 유산의 상속, 어려운 생활을 하는 자녀에 대한 재정지원은 자녀가 학교를 마치고 직장생활을 하는 동안에도 여유가 있는 부모는 계속한다. 그리고 자녀를 자기들의 집에 동거하게 함으로써 재정적 및 정서적 지원을 하는 노부모도 많다. 특히 만성질환이 있거나 발달장애가 있는 자녀들은 오랜 기간에 걸쳐 부모와 같은 집에 살면서 부모로부터 보호부양을 받는다.

이런 도움을 베푸는 노부모는 자녀를 지원하는 데 만족하고 이에서 생의 의의를 찾는다. 즉 정서적인 대가를 받는 것이다.

부모가 받을 수 있는 이런 정서적인 대가를 구분해 보면 대략 다음과 같은 것이 되겠다. 고령의 부모는 계속해서 자녀를 지원함으로써 도움을 주는 데 만족하고 인생의 말년에 자녀로부터 신임을 받고 자녀의 생활에 계속 참여할 수 있고 부모의 역할을 계속할 수가 있고 자녀에게 어느 정도의 영향력을 행사할 수가 있음을 생각해 볼 수 있다. 대체로 수단적인 지원을 하는 노부모는 자녀로부터 정서적인 지원을 받고 만족한다. 이런 관계에서 지원의 종류는 다를 수 있지만 부모와 자녀가 서로 의존하면서 도움을 주고받을 수 있다.

우리의 문화적 맥락에서의 교호적 관계의 특징은 이와 같이 상호 의존적인 관계를 이루는 것이다. 독립해서 생활하는 것을 사회적 가치로 삼는 서양 사람들과는 달리 우리 동아시아 사람들은 서로 기대고 서로 도와주면서 사는 상호 의존적인 문화 속에서 산다. 이러한 문화 속에서는 자녀가 부모에게 그리고 부모가 자녀에게 의존하는 것을 이상하게 여기지를 않고 오히려 당연한 것으로 본다. 연령이 많아짐에 따라 부모는 자녀에게 더 의존하게 된다. 건강을 잃고 소득이 없어지고 배우자가 사망하면 자연 자녀와 지원자에게 의존하게 된다. 자녀의 경우도 부모로부터 정서적 및 재정적 지원을 받아야 할 때가 생긴다. 그래서 부모·자녀 사이에 상호 의존적 관계가 이루어진다. 어느 정도로 서로 의존하느냐는 것은 가족에 따라 또 부모·자녀 사이에 일어나는 일에 따라 다를 수 있다.

주고받는 지원의 종류도 여러 가지가 있겠지만 재정적 지원을 제공하기가 어려울 경우가 많다. 노부모가 재정적 지원이 필요하게 되면 대개 성인 자녀가 이분들을 지원하는데, 이들도 자신들의 자녀를 지원해야 한다. 재정지원은 자녀와 부모의 소득에 따라 다를 수 있다. 자녀 수가 줄어들고 있어 노인을 보살피는 사람의 수는 줄 것이고 이에 따라 재정적 지원을 하는 자녀 수도 줄어들 것이다. 어떻든 이런 지원의 책임을 좋든 싫든 맡는 사람은 거의가 자녀들이다.

부모는 고령이 됨에 따라 자녀에 대한 책임이 적어지기는 하나 자녀의 복리와 안녕에 대해서는 변함없이 관심을 가지며 자녀가 도움이 필요할 때는 언제든지 자기들의 능력에 따라 지원을 한다. 한편 자녀도 부모의 연령이 많아짐에 따라 이분들이 필요한 지원을 한다. 그러나 자녀도 나이가 많아져 그들의 자녀를 지원하기 위해 에너지를 투입하게 되면 자연 노부모는 그들의 생활의 중심으로부터 벗어나게 된다. 이러한 생의 주기에 따른 변동이 있기는 하나 부모와 자녀는 서로 도움을 주고받는 가장 중요한 가족원들로서 서로 의존하며 교호적인 지원 관계를 유지해 나간다. 그리하여 고령의 부모(조부모도 물론)가 일단 도움이 필요하게 되면 제일 먼저 자녀가 지원의 손길을 뻗치게 된다.

오늘날 많은 가족원들이 지리적으로 이동하고 사회적으로 높은 지위로 올라가면서 가족과 떨어져 살고 있다. 그러나 다수 가족들이 가족원의 수가 줄어 3명에서 4명 정도밖에 되지 않아 가족원들이 과거보다 더 밀접하고 애착된 관계를 유지하는 경향이다. 대다수의 성인자녀와 노부모는 대개의 경우 안정되고 지속적인 상호의존적인 관계를 이루고 있다.

| 의존과 독립

현대 사회에서는 주위 사람들, 집단 및 단체들과 어느 정도 호혜적인 상호 의존적 관계를 유지하지 않고서는 살아갈 수가 없다.

먼저 의존적 관계를 독립적인 관계와 대조해서 생각해 보고자 한다.

우리는 어머니의 배 속에서 이 세상에 태어나면서부터 부모님의 보살핌과 보호를 받으면서 자라난다. 성장할 때까지 오랜 세월 동안 부모에게 전적으로 의존하는 시절을 보낸다. 이런 의존적 관계에서는 대개의 경우 의사결정이나 어떤 활동을 홀로 하지 못하고 부모로 하여금 대신하도록 한다.

그러나 의존이라는 뜻은 상대자를 신뢰하고 도움이 필요할 때 도움을 그로부터 받을 수 있음을 의미하기도 한다. 즉 도움이 될 수 있는 관계이다.

한편 독립은 다른 사람으로부터 간섭을 아니 받고 자유로이 생각하고 행동할 수 있음을 뜻한다. 그런데 독립적인 생활을 하는 자녀는 자유는 누릴지 모르나 다른 사람과 격리, 고립되기 쉽고 자기의 의사결정에 필요한 정보와 부모와 자신을 위한 도움을 때에 맞게 받지 못할 수 있다.

어린 아기는 완전히 의존적이다. 위에서 지적한 바와 같이 어린이는 신체적으로나 정서적으로 필요한 것들을 전적으로 부모로부터 받는다. 그러나 이들은 자라나면서 점차 독립적이 되고 책임성을 갖추게 된다. 즉 의존적인 단계를 벗어나 독립적이고 가정과 사회에서 맡은 바 책임을 수행하는 개인으로 발전한다.

성인들도 마찬가지로 의존적인 생활에서 독립적인 생활로 옮겨갈 수 있다. 물론 개인에 따라 어느 정도로 독립을 하고 어느 정도로 의존하느냐에 차이가 있을 수 있다.

| 바람직한 관계

건전한 생활이란 전적으로 의존적이거나 전적으로 독립적이 아니라 '의존적이면서 독립적인 것'이라고 본다.

사람이 성숙해져 인격을 갖추게 되면 다른 사람에게 베풀 줄 알게 되고 받을 줄도 알게 된다. 대다수의 성인들은 공동적인 목표를 달성하기 위해서 다른 사람들과 함께 도움을 주고받으면서 생활해 나간다.

특히 천재지변―홍수, 화재, 폭풍, 지진 등―으로 재난을 당할 때는 친척, 이웃, 지역주민들로부터 도움을 받게 된다. 이런 경우 상호 의존이 정말 중요하다. 이들을 지원하는 주민은 재난을 당한 사람들에게 기술, 지식 및 선물을 제공하며 어려움을 극복하도록 돕는다.

여러 사람들이 집단을 이루어 하는 작업은 결코 사람들을 매우 의존적이거나 매우 독립적으로 만들지 않는다. 팀작업은 대개가 도움을 주어야 할 때 도움을 주고 또 도움을 받아야 할 때 받는 호혜적인 교환관계 속에서 이루어진다.

사람들은 제각기 기술, 지식, 경험, 정보 및 능력을 가지고 있다. 그래서 사람마다 다른 사람의 복리를 위해 공헌할 수 있는 능력과 자원을 보유하고 있는 것이다. 이 사실은 우리 주변에는 수많은 사람들이 이런 능력과 자원을 가지고 필요할 때는 도움을 제공해 줄 수 있으며 또 유사시에는 도움을 받을 수도 있음을 알려 주는 것이다.

고령자들도 여러 해 동안 쌓아 온 경험, 재능, 지식을 가지고 있다. 이분들 가운데는 이 귀한 자원을 젊은 사람들에게 전해 줄 의욕과 능력을 가진 분들이 많다.

그러나 노령기에 접어든 사람들은 대다수가 젊은 세대와 사회로부터 지원을 받는 입장에 있게 된다. 이들 가운데는 독립성을 주장하고 남의 도움을 거절하는 분들도 있다. 그러나 고령이 될수록 이러한 태도는 수정되어야 하겠다. 좀 더 융통성 있게 독립적인 생활을 하면서도 필요할 때는 지원을 받는 자세를 가져야 한다고 본다.

우리의 동아시아문화에서는 서양사회와 달리 고령자가 젊은 친척에게 의존하는 것을 병적인 것으로 보지 않는다(Streib, 1987; 유승국, 1995). 상호 의존적으로 생활하는 것이 전통적 관습이 되어 온 우리에게는 노령기에 접어들면 자녀에게 의존하는 것이 자연적인 관례로 되어 온 것이다.

서양 사람들같이 독립을 최대 가치로 내세워 고령자가 내 목숨이 끊어질 때까지 독립적으로 살겠다는 고집을 부리거나 의존을 병으로 취급하는 신조와 관습은 중국, 일본, 한국에서는 원래부터 없었다.

고령자를 포함한 모든 사람들은 살아가는 데 필요한 공통적인 것들이 있다. 예를 들어 위험으로부터의 보호, 보살핌과 지원, 애정과 정의(情誼)를 필요로 한다. 거주할 주택, 음식, 의료, 의복도 필요하다. 이분들이 꼭 필요로 하는 것이 하나 더 있다. 그것은 사람들로부터 존경을 받는 것이다. 존경이란 앞 장에서 논의하였듯이 다른 사람으로부터 여러 가지 방법으로 보살핌을 받고 관심과 인정을 받는 것이다.

고령자들은 필요할 때 의존적인 생활은 하더라도 이렇게 존경을 받아야 한다. 존경을 구체적으로 표현하는 데 대해서는 앞 장에서 논의하였다.

| 의존하는 고령자들

다음의 짧은 글은 고령자들이 살아가는 데 있어 서로 보살핌을 주고받는 교호적 관계가 매우 중요함을 알려 주는 이야기이다. 사람들 사이에 주고받는 관계가 진행되면 그들 사이에는 자연적으로 서로 주고받는 상호 의존적 관계가 이루어지는 것이다.

> 김씨 할머니는 금년 70세가 되었다. 이분은 교원생활을 하다 은퇴하였고, 결혼을 해서 다섯 자녀를 키웠으며 손녀를 두었다. 여러 해 동안 교육자로서 그리고 어머니로서 만족스러운 생활을 한 분이다. 지방도시에서 살아 그곳의 여러 가지 지역사회활동에도 참여해 왔다. 학생들의 과외활동을 돕기 위한 모금, 교회의 각종 사회활동, 음악회 지원, 이재민 지원, 사회복지 모금 등 여러 가지 봉사활동을 했다. 남편과 함께 그 지역의 아침운동클럽, 바둑클럽, 등산클럽 등의 회원이기도 하다.
> 작년에 김씨 부인은 남편을 잃고 홀로되었다. 자녀들은 멀리 떨어져 살고

홀로 작은 아파트에서 생활하고 있다. 그는 일주일에 두 번 자원봉사를 하기로 결심하여 가까운 데 있는 노인요양원을 선정하여 그곳의 노인들을 방문해서 이야기를 나누는 봉사를 하기 시작했다.

그런데 김씨 부인은 요양원 노인들의 딱한 사정을 알게 되었다. 많은 노인들이 하루 종일 홀로 아무와도 대화하지 않으면서 의자에 앉아 시간을 보내고 있는 것이다. 이들은 이 세상에서 버림받은 사람들 같았다.

김씨 부인은 가까운 친구들을 찾아 요양원입주자들의 이러한 딱한 사정을 알려 주었다. 이들은 상의를 한 후 그룹을 이루어 요양원 노인들에게 마사지를 해 주기로 결정하고 마사지 방법을 배웠다. 그리고는 그 양로원과 협의하여 입주 노인들에게 마사지를 해 주기 시작했다.

마사지를 해 주는 데는 상대방 노인 개개인에 관심을 집중하여 대화를 나누며 그분의 건강을 염려하고, 신체를 어루만지면서 기분을 좋게 하여 생기를 돋우는 일종의 비전문적 치료서비스라고 볼 수 있다. 이들 봉사자들의 기본적인 자세는 노인들을 존중하는 것이다.

몇 주일 사이에 커다란 변화가 일어났다. 창가에 앉아 넋 없이 시간을 보내던 노인들의 수가 줄어들고 이들이 서로에게 관심을 가지고 접촉하기 시작한 것이다. 걸어 다닐 수 있는 노인들은 다른 사람을 부축해서 걷도록 도와주고 운동을 하도록 돕기도 하였다. 서로 접촉과 대화를 시작한 것이다.

김씨 부인은 건강이 좋지 않은 고령자들이 도움을 나누면서 아름다운 호혜적 관계를 맺어 나가는 상황을 만족스럽게 지켜보았다. 즉 양노원의 노인들이 상호 의존적으로 보살핌과 지원을 주고받으면서 생활해 가는 데 대한 만족이다.

모든 고령자들이 김씨 부인과 같이 다른 사람들이 이런 관계를 하도록 도와줄 수는 없을 것이다. 그러나 고령자들은 다른 사람들로부터 애정, 존경, 도움을 받기 위해서 보다 더 호혜적인 관계를 가지도록 김씨 부인과 같이 노력할 수 있다고 본다.

오늘날 사회는 한집 안에서 여러 세대가 함께 살던 지난날의 사회와는 다르다. 가족과 친구는 사방에 흩어져 산다. 그래서 혼자서 독립적으로 사는 고령자들이 놀라울 정도로 많아졌다.

그럴수록 고령자들은 건강이 허용하는 한 다른 사람들과 상호 의존적인 호혜적 관계를 유지해 나가야 한다. 그래서 이 김씨 부인과 같이 자신이 고령자이면서 다른 고령자들을 지원하는 역할을 할 수 있고 이로부터 자신을 위해서도 만족스러운 대가—보람과 긍지—를 받을 수 있다.

고령자의 수는 증가일로에 있다. 건강하고 경제적 여유가 있는 고령자의 수도 많아지고 있다. 이분들은 오랜 세월에 걸쳐 이룩한 지혜, 경험, 정보 및 자원을 가지고 있다. 이분들 가운데는 사회적으로 뜻있는 활동을 하려는 의욕을 가진 분들이 많다.

고령자라고 해서 모두가 다른 사람으로부터 혜택을 받기만 한다고 볼 수 없다. 가족, 이웃, 사회에 계속 주는(기증하는) 분들이 있다.

따라서 이분들이 자신들은 물론 젊은 사람들을 위해서 도움을 나눌 수 있는 기회가 마련되어야 하겠다. 즉 고령자들이 건전하게 호혜적 활동을 하도록 기회를 마련해 드리는 것이다. 위에서 소개한 자원봉사활동은 바로 이러한 고령자를 위한 호혜적 활동의 사례이다.

참다운 호혜적인 공동사회는 모든 연령의 주민들 하나하나가 가능한 한도까지 남에게 도움을 줄 수 있고 필요할 때는 크게 신세를 지지 않으면서 지원을 받을 수 있는 상호 의존적 사회를 의미한다고 본다.

5장

서로 존중하는 세대관계

| 서로 보살피는
사람들

전통적 사회에서의 개인의 사회관계는 곧 가족원들
과의 관계라고 보아도 좋을 것 같다. 개인의 모
든 행동이 가족원들—부모, 부부, 형제자매, 근친—과의 관계로 연
계되었던 것이다. 이러한 밀접한 가족 사이에서도 부모·자녀 관계
가 핵심을 이루었다.

부모·자녀 관계를 지배했던 조건은 앞서 지적한 바와 같이 부
자자효(父慈子孝)—"부모는 자녀에게 자애롭고 자녀는 부모에게
효를 함"—와 부자유친(父子有親)—"부모와 자녀 사이는 친근함"
—이다. 이 관계는 '부모에 대한 효성'과 '자녀에 대한 자정'으로
요약될 수 있다. 이 말들은 다 같이 부모와 자녀는 서로 호혜적으
로 보살핌과 도움을 주고받는다는 뜻을 내포하고 있다.

그런데 전통적 부모·자녀 관계에서는 혜택 또는 지원의 교환이
위계적(가부장적) 상하관계 속에서 이루어졌다. 이렇게 상하질서를
강조한 문화 속에서 부모가 자녀에게 베푸는 애정과 자비로움은 뒷
전으로 가려지고 자녀가 부모에게 하는 효만이 내세워져 강조되었

던 것이다. 이 점에서 전통적 효는 오늘날의 새 세대가 바라는 세대 간의 호혜적 관계를 바탕으로 하는 효와 다르다고 볼 수 있다.

유교의 가르침의 근본은 인(仁)이다. 仁의 한자는 사람이 둘이라는 표시로서 사람과 사람이 서로 사랑하는 관계를 뜻한다. 유교문화의 중심적 교의는 인에 기초한 것인데 인을 실천에 옮기는 기본적인 방법은 부모를 비롯한 가족과 타인을 사랑하는 것이다(孟子: 盡心章句 上). 그러므로 부모에 대한 효는 곧 인의 실천을 의미하며 인의 참모습은 효를 실행하는 데서 볼 수 있다고 했다(孟子, 離婁章句 上).

효는 부모, 부부, 형제, 친족 그리고 이웃을 널리 두루 사랑하는 가치로서 인간사회의 도덕의 근본으로 삼아져 왔다. 그래서 공자는 나의 부모만을 봉양하는 것은 적은 효(小孝)이고, 세상의 모든 사람들을 널리 사랑하는 것은 큰 효(大孝)라고 하였다(孟子, 萬章章句 上). 이와 같이 사회전체를 위한 큰 효가 중요함을 이미 수백 년 전에 우리 조상들은 지적하였다.

효는 전통적으로 가부장적 가족체계 속에서 행해졌다. 가장인 아버지는 가족을 통솔하고 생활의 토대를 마련해 주며 자녀의 양육과 교육을 책임지기 때문에 자녀는 가장의 후계자로서 가부장의 지위와 재산을 물려받았다. 그러므로 자녀는 부모의 뜻에 순종하고 이분들을 노령에 봉양하고 사후에는 제사를 모시면서 조상을 숭배하고 가족의 영원한 존속을 도모하였다.

그런데 오늘날 이러한 가부장적 가족체계에 변동이 일어났다. 농경사회가 산업화와 자유경제 체제로 바뀌어서 부모의 경제적 권한이 줄어들고 가족의 크기가 작아져 가부장제 자체가 무너지고 있다.

그리고 가족에 관한 법률이 달라져 모든 가족성원이 다 같은 인권과 재산권을 소유하게 되었고 직장에서 오는 수입으로 각자 독립된 생활을 하게 되었다. 이러한 변동은 노령기의 부모의 지위와 권한을 저하시키고 있다.

이 새로운 사회적 환경에서 효를 어떻게 실천해야 하느냐의 문제가 대두하였다.

사회변동은 가족 간, 그리고 부모·자녀 간의 존경, 책임, 화합, 희생, 애정이라는 효의 기본적 내용을 바꾸지는 못하였다. 효를 중심으로 이루어지는 부모·자녀 그리고 가족원들 사이의 관계는 자연적이고 하늘이 주신 인간관계이기 때문이다. 시집을 갈 때까지 친정의 가부장적 체계 속에서 자라난 딸은 이 체계를 벗어나 시집에서 살면서도 친정 부모와 형제를 사랑하고 존경하는 데는 변함이 없지 않는가.

우리 사회에서는 과거보다는 약하지만 어릴 때부터 부모에게 효도하고 형과 우애를 지키고 친척 어른에게 예의 바르고 선생님을 존경하고 친구 사이에 신의를 지키고 나아가 이웃과 사회의 어른들을 존경하도록 교육하고 있다. 정상적인 가정에서는 어린 사람들이 효의 가치를 중심으로 일상 행동을 해 나가도록 사회화하고 있다. 학교에서도 교과목 안에 여러 단위들을 통해서 이러한 전통적 효 윤리를 지접저 또는 간접적으로 교육해 나가고 있다.

효행을 하는 데는 여러 가지 방식들이 있다. 저자는 제1권에서 12가지의 효행방식들을 구분하고 이들 방식을 실천하는 데 대해서 자세히 기술하였다. 즉 부모에 대한 존경, 보은, 애정, 책임, 가족화합, 희생, 동정 그리고 가족의 체면유지, 가족의 영속, 이웃지원을 포함한 방식들이다.

우리 사회에서는 사회적 변동에도 불구하고 이들 효의 행동적인 표현을 여전히 하고 있고 이런 표현을 때와 장소에 맞게 어른들에게 하도록 가정과 학교에서 젊은 세대에게 과거보다는 강하지 않지만 교육하고 있다.

| 효의 핵심: 어른존경

위의 효행방식들 중에서도 저자가 몇 차례에 걸쳐 행한 조사들에서 우리나라 성인들이 가장 자주 실천한다고 지적하였고 또 가장 중요하다고 평가한 효행방식이 바로 부모에 대한 '존경'이다(성규탁, 2001; Sung, 2007).

다음에 한국인들이 효의 핵심이 되는 존경을 표현하는 구체적인 방식들을 소개하고자 한다.

새 시대에는 어른도 이러한 존경 방식을 그때그때의 사정, 즉 대하는 젊은이의 신분, 관계, 성별 및 주위환경에 따라 젊은 사람들에게 적용할 수 있다고 본다.

이렇게 존경 방식을 고령자 또는 어른들뿐만 아니라 젊은 사람들에게도 적용하는 데 관심을 갖고 다음에 우리 사회에서 관찰할 수 있는 존경을 표현하는 실상을 설명해 보고자 한다.

[존경의 방식]

* 인사를 해서 하는 존경

상대방에게 인사를 해서 그에게 관심을 가지고 있으며 그를 존중한다는 표현을 하는 것.

어른에게 문안인사를 드리고 편안하신가 여쭈어 본다. 그리고 편히 쉬시기를 바란다는 인사를 드린다. 부모와 동거하지 않는 자녀는 전화나 다른 통신방법으로 이러한 뜻을 전달할 수 있다.

어른도 젊은 자녀에게 "건강히 잘 있는가", "자네 집안이 두루 평안하신가", "무리를 하지 말고 쉬도록 하게", "자네 몸이 가장 귀중하니 항상 몸조심을 하게", "자네는 어려운 이웃을 도와주고 있어 참으로 훌륭하네"라고 하며 그들과 만날 때 또는 헤어질 때 존중하는 뜻을 전할 수 있다.

사실 이러한 인사는 이미 오래전부터 우리 사회에서 노소세대가 교호적으로 상대방을 존중하는 방법으로 사용되어 왔다.

* 먼저 대접해서 하는 존경

도움이나 서비스를 먼저 제공하는 것.

어른에게 먼저 서비스를 제공하거나 대접을 함으로써 존경을 표현하는 방식이다. 차니 음식을 대접할 때에 어른에게 먼저 드리는 것이다. 일본인, 중국인 그리고 우리 한국인은 자동적으로 어른, 성생님, 선배에게 먼저 음식을 권하고 대접한다. 이 점은 서양 사람들과 다르다. 이들은 이렇게 자동적으로 먼저 대접을 하지 않는다.

그런데 어른도 젊은 사람에게 좋은 음식을 대접해서 이들이 건강하기를 바라거나 이들이 잘한 일을 축하해 주지 않는가. 또 어른이 먼저 대접을 받고는 이에 대한 사의를 표명하려고 젊은이에게도 비슷한 대접을 해 주지 않는가. 우리는 흔히 노소세대 간에 이같이 우선적인 대접을 주고받는 사례를 볼 수 있다.

※ 순종을 해서 하는 존경

지시나 명령을 따르는 것.

부모의 말씀을 존중하여 이를 따르고 그분의 말씀에 귀를 기울여 드림으로써 존경을 표하는 방식이다. 그러나 부모님의 말씀이 옳다고 볼 수 없을 때는 공손히 그분의 과오를 지적해 드릴 수 있다. 전통적 유교의 가르침에도 이렇게 부모님에게 권고하는 즉 간(諫)을 할 수 있음이 기록되어 있다.

그런데 부모도 자녀의 말을 따를 수 있다. 즉 그들의 말에 귀를 기울이고 그들의 의견을 존중하고 가족과 사회에 이득이 되는 그들의 의견을 받아들이는 것이다. 이런 세대 간의 교환은 사실 많은 가족들이 일상적으로 하고 있는 관습이라고 하겠다. 이제 가족법이 바뀌고 평등한 민주사회에 살게 되어 부모와 기성세대는 자녀와 젊은 사람들의 정당한 견해와 의견을 존중해 주어야 하게 되었다.

※ 의논을 해서 하는 존경

의논을 하거나 충고를 해 달라고 부탁함으로써 상대방에게 경의를 표하는 것.

개인적인 문제나 가족 문제에 대한 어른의 의견을 청해서 듣는다. 그럼으로써 젊은이는 어른에게 경의를 표할 수 있다.

의논을 함으로써 어른과 젊은 사람이 다 같이 혜택을 볼 수 있다.

젊은이는 필요한 정보와 도움을 받을 수 있고 어른은 보람을 느끼고 개인적인 만족을 하게 된다. 매우 호혜적인 존경 방식이다. 마찬가지로 고령자도 젊은이에게 특정한 주제에 관한 의견을 묻고 그것이 도움이 되면 받아들일 수 있다.

학교에서나 산업장에서 흔히 젊은 사람들(학생, 기술자 등)로부터 새로운 아이디어를 잘 수렴하는 데서 창의적이고 발전적인 변화가 일어나고 있음을 알 수 있다. 가정에서도 역시 젊은 가족원들의 좋은 의견을 잘 수렴하는 데서 긍정적인 변화를 볼 수 있다고 본다.

* *음식대접으로 하는 존경*

상대방이 즐기는 음료와 식사를 대접하는 것.

어른이 좋아하는 음식을 제공하는 것은 오랜 세월 동안 전해 온 우리의 관습이다. 한국의 효행자에 관한 이야기들에는 어른이 즐기는 음식을 대접해서 효도를 했다는 내용이 많이 실려 있다.

부모님의 식성과 기호에 따라 음식을 정성껏 장만하여 드린다. 그런데 음식을 대접하는 데 있어 공경하는 마음으로 해 드리지 않는다면 이는 효행이라 할 수 없다. 그러므로 부모를 섬기는 데는 물질적인 서비스만을 해 드리는 것으로는 충분치 않으며 정신적이고 내면적인 정의가 깃들어 있어야 한다.

음식대접은 부모가 자녀에게 어릴 때부터 성인이 될 때까지 아니 그 뒤에도 그분들의 신체적 능력이 없어질 때까지 정성으로 존중하면서 해 주는 것이 아닌가. 아마도 이 음식대접이야말로 오히려 부모가 자녀에게 더 많이 해 주는 존중방식이라고 해도 좋을 것 같다.

* 경어로 하는 존경

대화를 하거나 서신을 작성할 때 경어를 사용하는 것.

우리의 문화에서는 어른을 존경하는 표현이 매우 다양하고 복잡하다. 존경을 표하는 낱말, 구절, 문장이 존경의 정도와 존경 대상에 따라 그리고 주위사정에 따라 달라진다. 서양 사람들이 한국어를 배우는 데 가장 어려운 점이 바로 이 존경하는 말과 표현을 배우는 것이다.

예를 들어 어른을 부를 때 그분의 이름 앞에 그분의 칭호(회장님, 선생님, 여사님, 박사님, 과장님, 선배님 등)를 붙여서 부른다.

이 밖에 존경의 표현들이 많이 있다.

부모와 어른이 자녀와 젊은 사람에게 똑같은 경어 또는 존경하는 말을 사용할 수는 없으나 젊은 사람을 존중한다는 뜻이 함축된 표현은 흔히 사용하고 있다. 예를 들어 '군', '양' 또는 '미스터', '미스'를 붙여 젊은 사람의 이름을 부른다든지, "이렇게 해 주기를 바랍니다.", "더 조용히 해 주시오.", "여러분들의 노고에 감사합니다." 등 표현들은 젊은 상대를 존중해서 하는 뜻이 포함되어 있다. 기성세대는 앞으로 이러한 젊은 세대를 존중하는 표현을 더 자주 더 많이 사용해야 할 것으로 본다.

* 보살핌으로 하는 존경

정서적 및 수단적으로 보살피고 지원해 주는 것.

이 존경 방식은 사람에 대한 존경을 표시하는 가장 대표적인 방식이다. 저자의 연구에서 응답자들이 제일 중요시하고 제일 흔히 사용하는 방식으로 나타났다(한국인의 효, 제3권 참조).

이 존경 방식은 상대방을 마음속으로부터 우러나는 정성으로, 보살피고 염려해 주고 기쁘고 안락하게 하고 불안감을 해소해 주고 마음에 상처를 주는 일을 하지 않고 자주 만나고 시간을 함께하고 개인적인 케어를 해 주고 수단적인 서비스로 음식을 장만해 주고 집안일을 돌보아 주고 교통편을 제공하고 보건의료 서비스를 해 줌으로써 표현하는 존경 방식이다. 따라서 이 방식은 정서적인 보살핌은 물론 수단적인 서비스도 함께 해 주는 것이다.

사람의 한평생을 보아 부모와 자녀 어느 쪽이 더 보살핌을 많이 받았을까? 자세히 관찰을 해 본다면 아마도 자녀가 훨씬 더 많이 받았을 것이다. 게다가 그들이 부모로부터 받은 이 보살핌은 끝이 없고 한없이 넓고 깊은 것이다. 따라서 이 존경 방식에서는 부모가 오히려 자녀를 더 존경해 주는 격이 된다.

물론 성인이 된 자녀에게도 부모와 고령자는 그들의 복리와 발전을 위해서 격려하고 지원해 주어야 한다. 그들이 도움이 필요할 때는 정서적 또는 수단적으로 도와주어야 한다.

* *외모를 갖추어 하는 존경*

의복을 단정하게 입고 화장을 평범하게 하고 예의가 있고 공손한 외모를 갖추어 경의를 표시하는 것.

이 방식은 우리 문화에서 ㅜㅅ간에 지켜야 할 하나의 규범으로 되어 있다.

젊은 사람이 어른을 만날 때 머리를 빗고 의복을 단정하게 입고 간다. 외모를 중시하는 오랜 관습이 있는 우리 동양사회에서는 시대의 변천에도 불구하고 여전히 이 방식이 널리 사용되고 있다. 흔히들 형식적이라고 하지만 이는 오랜 문화적 관행이라 바꾸지를 못하는 것 같다.

어른도 역시 젊은 사람들을 대할 때 이 방식을 흔히 사용하고 있다. 예를 들어 부모가 집안의 젊은 사람들이 베푸는 향연이나 모임에 임할 때, 교사가 학생들 앞에서 강의를 할 때, 사장이 직원들 앞에서 훈시를 할 때 이 방식을 사용한다.

자녀가 자라날 때 부모는 가정 밖에서 바른 용모를 갖추도록 외모를 꾸미고 타이른다. 이렇게 자란 자녀는 성인이 되어 신체적으로 부자유한 노부모의 외모를 꾸며 드리고 그분에게 편리하고 알맞은 의복을 골라 입혀 드리고 색깔과 모양이 좋은 구두를 맞추어 드리고 미용실에 모시다 드리고 화장을 돌보아 드린다.

세대 간의 교호적인 관계가 이 방식을 사용하는 데도 적용되고 있다.

* *윗자리를 제공해서 하는 존경*

존경의 뜻을 나타내는 자리 또는 장소나 역할을 제공하는 것.

어른에게 윗자리 또는 가운데 자리를 제공하여 존경의 뜻을 표한다. 또한 따뜻한 방, 난로 옆자리, 시원한 곳을 마련해 드린다. 이 방식은 집터와 묏자리를 고르는 데 많은 에너지를 사용하는 우리 문화에서 중요한 어른 존경 방식으로 통용되어 왔다.

이 방식도 경우에 따라 젊은 사람에게 연장자가 사용할 수 있다. 예를 들어 부모는 자녀의 생일날, 졸업을 축하하는 모임, 자녀가 주도하는 가족회의 등에서 자녀에게 가운데 자리를 제공해 주어 그에게 축하의 뜻, 그의 역할과 그가 수행할 책임을 존중한다는 뜻을 표시할 수 있다.

* 축하를 해서 하는 존경

탄생일이나 특별한 이벤트를 축하하는 것.

상대방의 탄생일이나 특별히 축하할 일이 있을 때 정중히 축하
해 줌으로써 그에게 존중하는 뜻을 표시한다. 또 여러 사람을 초대
해서 축하를 위한 연회를 마련할 수도 있고 그렇게 하지 못할 때는
꽃을 보내거나 축하 선물 또는 카드를 보낼 수 있다. 멀리 떨어져
있을 경우는 전화나 이메일 또는 카드로 축하의 뜻을 전한다.

이 방법은 모든 가정에서 부모와 자녀 사이에 서로 주고받는 축
하방식으로서 세대 간에 평등하게 행해고 있는 존경방법이다.

* 이웃 노인에 대한 존경

이웃과 사회의 어른을 존경하는 것.

앞서 지적한 바와 같이 효는 가족의 범위를 벗어나 이웃과 사회
로 연장된다. 즉 도움이 필요한 이웃의 고령자들과 동리사람들을
지원하는 것이다. 이 범위가 넓은 존경방법은 오늘날에 와서 그 중
요성이 매우 커졌다.

가족의 지원능력이 저하되고 자녀와 부모가 떨어져 사는 현대사
회에서 이웃지원은 매우 필요하다. 이 방법은 영국에서 개발되어
세계적으로 실시되고 있는 커뮤니티 케어(지역사회가 제공하는 보
살핌)와 비슷한 것으로서 공동사회의 성원들이 서로 보살피고 도와
주는 호혜적인 존경 방식이다.

앞서 지적한 바와 같이 노소세대들이 함께 지역사회에서 고령자

와 연소자들을 도와주는 활동을 전개할 수 있다. 가족 중심적으로 생활해 나온 우리에게는 매우 의미 있는 새로운 방식이다. 이 지역사회, 공동사회를 중심으로 고령자와 연소자가 함께 어울려 팀이 되어 지원을 주고받는 프로그램에 대해서 앞으로 더 많은 관심을 가지고 연구, 개발해 나가야 하겠다[제10장에서 노소가 서로 도와주는 사례를 소개한다].

선물로 하는 존경

물질적 선물—돈, 의복, 음식, 생활용품 등—이나 비물질적 선물—편의, 혜택, 명예로운 역할 등—을 증여하여 경의를 표시하는 것.

선물은 애정의 표시임은 물론 상대방을 지원, 원조하는 뜻이 있으며 존경하는 뜻이 포함되어 있다. 연로한 고령자는 돈을 포함한 쓸모 있는 물건을 선물로 받는 것을 매우 즐거워하고 고맙게 여긴다. 이 뿐만 아니라 애정이 담겨 있는 카드, 꽃, 전에 찍은 상대방의 사진, 건강에 관한 책 등을 보내는 것도 좋은 선물이 된다.

선물도 역시 부모가 자녀에게 주는 경우가 많다. 자녀가 공부를 잘하도록, 어떤 바람직한 일을 했기 때문에, 집안의 자랑이 될 일을 해서 자녀에 대한 애정을 표시하려고, 앞으로 일을 잘하도록 격려하려는 등의 좋은 뜻에서 전하는 경우가 많다.

이와 같은 선물을 통한 존경 방식도 세대 사이에 진행되는 호혜적 교환의 하나이다.

부모가 연로해지면 그동안 지원을 받아 오던 자녀가 거꾸로 부모를 지원하게 되는데, 이는 호혜적 관계가 순환하는 것이다.

* 장례를 통한 존경

부모가 사망한 후 장례를 치르는 일은 자녀의 일생에서 가장 감동적이고 엄숙한 행사의 하나이다. 자녀는 별세한 부모에 대한 애도를 표시하기 위해 정성을 다하여 장례의식을 치른다. 의식을 올리는 데 있어 자녀는 특별한 의복을 입고 통곡을 하여 슬픔을 표시한다. 장의사, 관, 산소 및 비석도 사망한 부모에 대한 애정, 경의, 의무감으로 선택한다. 장례가 끝난 뒤에도 가족에 따라 오랜 기간 동안 애도를 한다.

* 조상에 대한 존경

제삿날과 경축일에 일정한 윗대의 조상이 세상을 떠난 날을 기념하기 위해 제사를 올린다. 이 제사는 후손이 조상의 은혜에 보답하기 위한 행사이다. 제사에는 온 가족이 한 방이나 절간에 모여 조상의 위폐와 사진을 모시고 조심스럽게 마련한 음식을 차려 놓고 절을 한다. 이러한 예식이 끝나면 어른들은 자녀에게 조상에 대한 이야기를 들려준다. 그럼으로써 젊은 세대가 가족의 뿌리를 잊지 않고 조상으로부터 받은 혜택을 알도록 하려는 것이다. 가족의 사당을 꾸미고 조상의 산소를 가꾸는 것도 역시 조상에 대한 경의를 표하는 방식이다.

위에 소개한 여러 가지 존경을 표현하는 방식들은 저자가 한국의 성인들을 대상으로 직접 조사를 해서 얻은 자료에서 발견한 것들이다. 지금까지 존경을 구체적으로 설명한 자료가 희소했다. 위의 방식들은 존경을 어떤 행동을 통해서 표현할 수 있는가 구체적으로 알려 준다. 그런데 이 방식들은 노소가 사회적 교환을 하는 데 있어 그때그때의 사정과 세팅에 알맞게 실천될 수 있다.

이 조사에 대한 이론적 틀, 조사의 방법, 자료의 분석 등 자세한 사항에 대해서는 제3권을 참조하기 바란다.

6장

노령의 부모와의 대화

접근

자녀와 부모 사이의 대화는 세대 간의 애정과 우의를 증진할 뿐만 아니라 서로가 필요로 하는 보살핌과 지원을 알아내는 기회가 되어 앞으로의 호혜적인 관계를 유지하는 데 크게 도움이 된다.

어른과의 대화를 통하여 자녀는 노령에 접어든 부모의 건강상태, 재정형편, 희망사항, 어려움, 자녀에게 전할 말씀, 유언 등 사항들에 대한 정보와 지식을 얻을 수 있고, 이분의 의견을 묻고 자문을 받고 충고를 받아들여 존경을 표하는 기회가 되기도 한다.

부모님이 연로해지면 효행스러운 자녀들은 무엇보다도 먼저 노부모님이 필요로 하는 도움이 무엇인가를 알고자 한다. 이를 위해 그들은 부모님과 대화를 해야 한다.

이러한 목적으로 부모님과 대화할 때는 단도직입적으로 질문을 하지 말아야 한다. 부모님의 어려움과 심정을 이해하고 그분들이 의사표시를 자유롭게 하시는지 살펴보고 조심스럽게 이야기를 시작해야 한다. 고령의 부모들은 자기들의 어려움을 가장 가까운 자녀에게도 이야기하지 않으려는 경향이 있다.

그러면 어떻게 대화를 시작하는 것이 좋을까?

물론 부모님은 자녀와 함께 이야기 나누기를 소망한다. 그러나 자신들의 개인적 문제에 대한 이야기는 끝까지 하지 않는 경우가 있다.

일단 부모님과 이야기를 시작하면 그분들이 무엇을 필요로 하고, 그분들의 걱정거리가 무엇이며, 무엇을 하고자 하는가 또 그분들이 생활을 해 나가는 데 지장이 되는 것이 무엇인가 조심스럽게 파악해 나가야 한다.

노인들은 자기들의 경험, 일생 동안 해 나온 일, 자랑스러운 업적 등 여러 가지 지나간 일들에 대한 이야기를 하는 경우가 많다. 자녀는 이런 이야기를 인내심 있게 들어야 한다. 그리고는 그런 업적에 대한 칭찬을 해 드리는 것이 옳다. 아울러 그분들에게 세상에 일어나는 일들, 집안의 일들, 자녀에 관한 의견과 자문을 요청한다. 이러는 과정에서 부모가 처해 있는 사정—좋고 나쁜 일들—에 대해서 알 수가 있다.

그런데 어떤 일이 발생하면 부모님이 당하고 있는 어려움을 좀 더 쉽게 알 수 있게 된다. 예로 부모님이 갑자기 병환이 났을 때, 부모님이 사시는 집을 수리해야 할 때 또는 구청에 노령수당을 신청할 때에 그분들의 생활형편의 일부 또는 전부를 알 수가 있게 된다. 그리고는 부모님의 친구나 이웃으로부터 부모님의 어려움에 대한 정보를 얻을 수도 있다.

사실 우리는 부모님이 어떤 어려움에 부딪치기 전에 그분들에 대한 여러 가지 정보를 얻어 가족과 미리 상의해서 대비책을 마련해 두어야 한다.

부모님과 진지하게 대화를 시작하면, 우선 재정적 사정에 대해서 알아본다. 그분들이 가입한 보험, 병원진료비 지출, 저축, 소유하는 증권, 은행예금, 사용하시는 용돈 그리고 부채에 관하여 알아 둔다. 이러한 사항들을 파악하는 과정에서 부모님들이 무엇을 얼마만큼 필요로 하는가를 알 수 있다. 이들 사항에 관한 정보는 부모님의 유사시, 즉 회복이 어려운 병환에 걸리거나 작고를 하시는 경우를 대비해서 자녀로서 꼭 확보해 두어야 한다.

| 어려운 사정을 아는 일

대화가 계속되면 부모님을 정기적으로 만나 어떠한 변동이 있는가를 알아본다. 그분들의 사정도 수시로 변동할 수 있기 때문이다. 따라서 부모·자녀 사이의 대화는 지속적으로 이루어져야 한다.

그런데 부모님은 자녀가 어떻게 대화를 시작하든 일체 자기 형편에 관해서 말하지 않을 때가 있다. 이런 경우에는 일단 접근을 중단하고 다음 기회에 다시 대화하는 것이 좋다.

다음의 대화를 기다리는 동안에 부모님이 이야기를 하지 않는 이유, 자녀에게 알리지 못하는 이야기가 무엇인지 곰곰이 생각해 볼 수 있다. 부모님도 재정적인 면에서 사비밀이 있고, 그분들이 저축해 둔 것을 자녀 외에 다른 사회집단이나 자선단체에 헌금하려는 계획, 소유물을 자녀에게 분배하는 데 대한 결정의 어려움 등 개인적인 목적과 어려운 사정이 있을 수 있으며 이에 대한 확고한 결심과 결정을 내리지 못하여 말을 못하는 수가 있을 것이다. 또 자기들의 재정적으로 어려운 사정을 자녀에게 알리지 않으려고 입을 다물고 있는 경우도 있을 수 있다.

이러는 가운데 위에서 지적한 바와 같이 부모님의 건강이 악화되거나 안전에 위협이 되는 일이 발생하면, 부모님의 사정을 좀 쉽게 알 수 있는 기회가 될 수 있다. 이 밖에도 병원의 의료비 미지불이라든지 주택관리비 체납과 같은 문제가 일어나면 역시 그분들의 사정을 알게 되는 계기가 된다. 다시 말해서 평소에 대화가 별로 없는 부모·자녀 간에도 이런 문제들이 발생할 때에 그분들이 무엇을 필요로 하는가를 파악할 수 있게 된다.

| 파악할 사항들

이렇게 그분들의 사정을 좀 더 알 수 있는 기회가 도달하면 자녀는 한편으로는 결단력 있게 다른 한편으로는 다정하게 부모님에게 그분들의 실정을 이야기하도록 요청할 수 있다. 혹 부모님이 완강히 대화를 거절하는 경우 가정적 사정으로 시급히 사실을 파악할 필요가 있을 때는 제3자인 친척, 목사, 신부, 사회복지사 또는 가까운 친구와 이 문제에 대해 상의를 해서 협조를 얻는 대안을 찾을 수 있다. 또 하나의 방법은 가족회의를 열어 부모님의 문제—필요한 서비스, 소원하시는 것, 재정적 어려움 등—가 무엇인가 알아볼 수 있다.

이런 모든 노력이 실패로 돌아갈 경우는 어떻게 하느냐? 이럴 때는 인내심을 가지고 문제 파악은 일단 미루어 놓고 부모님의 의사를 존중하며 다정한 태도와 행동을 보여 드리는 것이 옳다.

한편 고령의 부모님들이 흔히 필요로 하는 의료서비스, 교통편, 가정봉사 등 서비스는 지역사회에 있는 병의원, 각종 복지기관, 자원단체를 통해서 주선해 드릴 수 있다.

다음과 같은 경우에 가족회의를 열어 의논할 수 있다.

* 부모님이 어려움을 말하기 거부하는 경우
* 부모님이 가족의 의견을 요청하는 경우
* 부모님의 건강 또는 정신상태가 악화될 경우
* 부모님의 재정형편이 어려워진 경우
* 부모님의 주택에 관한 문제가 발생할 겨우

가족회의에 대비하여 가족원들 개개인은 다음 사항을 준비할 필요가 있다.

* 회의 시간, 장소, 참가자 결정
* 걱정되는 사항
* 가족이 지켜야 할 원칙
* 부모님의 재정형편, 보험, 의료 및 법적 사항에 관한 정보
* 부모님이 필요로 하는 도움을 결정하고 이를 분담하는 일

가능하면 여러 가족원들이 참가토록 한다. 회의 진행과정에서 의

견충돌이 생겨 해결이 어려울 때는 집안 사정을 잘 아는 제3자를 개입시켜 해결의 실마리를 찾을 수 있다.

이러한 회의를 준비하고 개최하는 과정에서도 자녀는 부모님의 의견을 존중해 드려야 한다. 어디까지나 이러한 가족원들의 활동이 부모님의 안녕을 위한 것이며 또 부모님의 사생활과 사비밀을 보장하는 가운데 진행되어야 한다는 사실을 염두에 두어야 한다.

고령의 부모들은 가정에 따라 그리고 그분들 개개인에 따라 문제가 다를 수 있다. 그러나 흔히 다음과 같은 문제들이 공통적인 것으로 떠오른다.

* 주택: 그분들이 거처하는 주택에 먼저 관심을 둔다. 오늘날 다수 노부모들은 자녀와 떨어져 살고 있다. 이 때문에 고령의 부모가 홀로 거주하는 주택에 대해 커다란 관심을 가져야 한다. 부모님이 거주하는 주택을 두고 자녀와 노부모 사이에 대화가 있어야 한다. 거처하는 주택이 그분들에게 알맞은가. 안전한가, 무엇을 수선 또는 개량해서 더 안전하게 할 수 있는가, 문의 손잡이와 목욕탕의 안전장치 등에 이상은 없는가, 주택을 옮길 필요가 있는가 등 사항에 대해서 알아본다.

* 교통편: 식료품구입, 병원방문, 교회참석, 사교활동 등에 참여할 때 교통편을 가질 수 있는가.

* 건강: 의료 서비스를 적절히 받고 있는가, 그렇지 못하면 어떤 도움이 필요한가, 병환이 있다면 어떤 의료서비스를 받아야 하고 어떤 약을 복용해야 하는가.

* 재정: 현재 그리고 앞으로 재정적인 여유가 어느 정도 있는가, 어느 정도의 재정적 지원이 필요한가, 정부와 지역복지단체의

지원과 연금혜택이 필요한가, 수입과 지출을 산정해서 재정을 더 효율적으로 관리할 필요가 있는가, 주택을 저당했으면 이자를 지불할 능력이 있는가.

* 보험: 의료보험료를 받고 있는가, 필요하다면 장기요양보호도 받을 수 있는가, 보험료를 받을 수 있다면 보험료지급신청을 위한 서류작성을 해야 하는가.

일단 부모님의 필요한 사항들을 파악하고 나면 재정적 해결방안을 강구해야 한다. 먼저 부모님이 소유하는 금융자산을 파악해서 미지불된 것을 지불하고 또 새로 구입해야 할 서비스를 선정한다. 따라서 부모님의 저축, 보험, 연금, 정권, 부동산 등에 대한 정보를 얻어야 한다. 흔히 인터넷을 통해서 이러한 사항들에 대한 기초적 정보를 얻기도 한다.

이러한 작업을 진행하는 것은 쉬운 일이 아니다. 부모・자녀 관계가 친밀하여도 사적인 일을 알아내는 데는 부모와 자녀 양편이 모두 민감하고 개인적인 판단과 가치관이 개입되기 때문에 자칫하면 노여움을 사고 감정을 자아낼 수 있다. 재정적 문제는 부모가 오랜 세월 동안 가족을 이끌면서 다스려 나온 일로서 가족의 역사, 식구들의 기대, 불만, 갈등이 뒤엉켜 있는 경우가 많다. 그래서 여러 가지 전략을 세워 시간을 두고 풀어 나가야 한다.

| 존경 속의 대화

자녀는 부모와 대화를 할 때 솔직하면서도 결단력 있게 부모님의 문제를 지적해 드려야 한다. 예를 들어 "아버님, 이 약을 계속 복용 안 하시면 병환이 더 위중하게 될 텐데 저는 매우 걱정이 됩니다." 또 "지난번 의사와의 약속을 지키시지 않으셨는데 저는 어머님 병환이 악화될까 매우 걱정이 됩니다."라고 나(자녀)의 염려, 나(자녀)의 걱정을 솔직히 말씀 드리는 것이다.

어느 경우에나 부모님의 가치관과 의견을 존중하면서 문제를 다루어 나가야 한다. 부모·자녀 관계에서 존경이 빠지면 진정한 호혜적 관계가 이루어질 수 없는 것이다.

우리는 모두가 다른 사람들과 서로 의존하며 살고 있다. 다른 사람과 도움을 주고받으면서 생존하고 있는 것이다. 우리 동양인들은 서양 사람들보다 훨씬 상호 의존적이다. 그래서 서양 학자들은 우리를 의존적인 사람들이라고 부른다. 이 점 독립―비의존적 생활태도―을 숭앙하는 서양 사람들과 대조되는 것이다.

매우 상호 의존적인 관계를 가지는 부모·자녀는 서로 접촉을 할 때 적어도 다음과 같은 역할을 수행해야 한다고 본다.

* 부모와 자녀는 서로 상대방의 인격과 발언권을 존중한다.
* 서로 보살피고 지원한다.
* 가족의 역할을 수행하는 가운데 자녀의 역할을 부모님의 사정
  에 따라 수정해 나간다.

* 새로운 지원 방법을 개발해 나간다.

노부모님을 모시는 자녀는 나 하나만이 아니다. 수백만의 성인자
녀들이 나와 비슷한 입장에서 부모님들의 다양한 문제들을 자신의
아이들을 양육하고 직장에 다니면서 풀어 나가고 있다.

| 지역사회 자원의 활용

근년에는 다행히 우리가 사는 지역사회에 고령자를 위한 자원(서
비스와 돌봄)이 개발되기 시작하여 노인을 부양하는 가족에게 일부
제공되고 있다. 고령의 부모와 떨어져 사는 자녀가 많아지고 게다
가 먼 거리에 사는 경우가 많아 특히 지역사회 자원을 활용하는 일
이 늘고 있다.

우선 가까운 사회복지관, 노인복지관, 동회를 찾아 그곳에서 근무
하는 사회복지사를 만나 부모님이 거주하는 지역의 노인복지기관들
과 자원봉사그룹들을 연결하는 데 도움을 받는다. 그리고 그 지역에
서 부모님이 받을 수 있는 여러 가지 서비스와 지원을 살핀다.

일단 초보적인 탐험이 끝나면 그 지역을 직접 방문해서 더 자세
히 알아보고 도움을 줄 수 있는 곳의 담당자를 찾아 인사를 하고
도움의 유형, 범위, 지속기간, 비용 등을 알아 둔다. 이와 함께 그곳
에 부모님의 친구 및 이웃, 교회와 사찰(절)의 교우 등 연고자들이
있으면 만나 유사시에 받을 수 있는 도움에 대해서 알아 둔다. 인터

넷에 지역사회 복지사업에 대한 정보가 실리기 시작했다. 그리고 각종 간행물에도 사회보건서비스에 관한 정보가 실리고 있다. 광범위한 탐험을 할수록 더 많은 도움이 되는 정보를 얻을 수 있다.

이런 노력을 하는 데는 시간이 걸리고 에너지가 소모된다. 자녀의 효도는 그들이 전에 부모로부터 받은 깊고 넓은 사랑과 지원을 갚기 위한 책임성과 희생이 깃든 노력의 연속인 것이다.

7장

부모의 은혜와
자녀의 보답

부모를 포함한 연로한 세대는 가족, 사회, 국가의 발전을 위하여 각자의 능력과 처했던 처지에 따라 오랜 세월 동안 공헌한 분들이다. 특히 지난 반세기와 같이 경제적, 정치적 및 사회적으로 매우 어려웠던 우리나라에서 자녀를 기르고, 가족을 부양하고, 직장에서 봉사하고, 국가를 위해 의무를 수행한 이들 고령층은 오늘날 우리가 즐기는 이 풍요와 편의를 이룩해 준 분들이다.

따라서 가족과 사회는 이분들에게 경의와 사의를 표하고 이분들이 베푼 은혜에 보답해야 하겠다. 이것이 문명인이 수행할 도의적 의무라고 본다. 유명한 영국의 역사학자 토인비(Arnold Toynbee) 경은 한 나라의 문명된 정도를 알아보려면 그 나라에서 노인을 대접하는 것을 보면 된다고 하였다(Stramer, 1985). 토인비 경의 이러한 견해는 우리의 전통적인 문화적 가치인 '경로효친'이 뜻하는 바와 다를 것이 무엇이겠는가.

| 부모가 자녀를 위해 한 것

명심보감(팔반가 팔도)에 부모의 은혜를 두 가지로 기록해 놓았다.

첫째는 "나를 낳아 주신 은혜"이고,

둘째는 "나를 길러 주신 은혜"이다.

우리의 신체, 머리털, 피부는 부모로부터 받은 것이다(효경, 12, 27). 이 사실만을 가지고도 부모의 은혜가 얼마나 크며 막중한가를 깨달을 수 있다.

효경(금문개종명의장)에는 효의 시작은 부모에게서 받은 신체와 머리털과 피부를 훼손하거나 상하게 하지 않는 것이라고 했다.

율곡(栗谷)은 효로서 몸을 다스리는 도리에 대하여 다음과 같이 말했다.

> "천하에 나의 몸보다 더 소중한 것은 없다. 이 몸은 부모로부터 물려받은 유체(遺體)이다. 부모가 남겨 준 이 몸은 천하의 어느 것과도 바꿀 수 없다. 부모의 은혜가 얼마나 큰 것인가를 이로써 알 수가 있다. 어찌 감히 몸을 나의 것으로만 생각하며 부모를 극진히 모시지 않을 수가 있겠는가"
> (율곡전서, 卷27, 擊蒙要訣, 事親章)

부모는 몸을 자녀에 주었을 뿐만 아니라 오랜 세월에 걸친 성장기에 음식, 거처, 의복, 교육, 보건의료 등을 또한 제공한다. 뿐만 아니라 끝없는 애정, 관심, 걱정으로 아침부터 밤까지 보살펴 준다. 부모는 이렇게 해서 자녀를 성장시켜 이들이 어른이 된 후에도 정신적 및 물질적으로 보살펴 나간다. 따라서 부모가 자녀에 대한 애정은 끝이 없다.

자녀를 생산하고 양육한 부모의 크고 넓고 깊은 은혜를 명심보감(효자 편)에는 다음과 같이 표현해 놓았다.

> "아버지 나를 낳으시고 어머니 나를 기르시니 슬프도다. 아버지 어머니 나를 낳으시고 애쓰시고 수고하셨도다. 그 은덕을 갚고자 하는데 그 은혜가 하늘같이 다함이 없어 갚을 바를 알지 못하도다."

그 막중한 은혜를 갚으려는 자녀의 노력이 곧 효이다. 그런데 이 세상에는 효를 제대로 못하는 자녀들이 있다.

율곡은 죄목 가운데서 불효가 제일 크다고 했다(학교모범, 사친장).

| 보은을 위한 노력

우리가 효행을 하는 가장 중요한 이유들 가운데 하나가 위에서 말한 부모의 은혜를 갚는 것, 즉 보은(報恩)이다. 다른 사람으로부터 받은 은혜를 갚는다는 것은 우리의 동아시아 문화에서는 매우 중요시되는 도의적 행위이다.

우리와 문화적 맥락을 달리하는 미국인들에게도 부모에게 보은하는 것이 부모를 부양하는 가장 으뜸가는 이유들 가운데 하나임이 드러났다(Sung, 2007; ch. 9). 보은은 모든 문화에서 공통적으로 행해지는 덕목인 것으로 보인다.

맹자는 효자의 부모은혜를 갚기 위한 인간적인 노력을 다음 이야기를 들어 묘사하였다(Chen, 1986; Ch. 7).

> "쎙쑤라는 이는 자기 아버지가 즐기는 단 대추를 마련해 놓았다가 수시로
> 아버지를 대접하였다. 그러다가 그의 아버지가 세상을 떠났다. 아버지의
> 사망을 애통히 여기는 쎙쑤는 이 과일을 볼 때마다 아버지 생각이 간절하
> 여 감히 그 과일을 먹을 수가 없었다."

이 이야기는 부모에 대한 보은은 물질적 수단만이 아니라 자녀
의 마음속 깊은 데서 우러나는 정성과 애정을 통해서 실행할 수 있
음을 알려 주고 있다.

보은은 부모로부터 받은 여러 가지 은혜에서 다만 일부만이라도
갚으려는 자녀의 인간적인 노력을 나타낸다.

중요한 점은 부모은혜에 보답하는 데에는 자녀가 부모에 대한
의무와 책임이 깃들어 있다는 사실이다. 즉 부모에게 효를 한다는
것은 부모를 보살피고 부모가 필요로 하는 것을 제공하는 의무를
수행하는 것이다.

'보살피다(care)'라는 말에는 다른 사람의 안전과 평안을 염려하
고 돌본다는 뜻이 들어 있다. 노부모, 특히 병약한 부모를 보살피
는 일은 자녀와 가족에게 엄청난 부담을 안겨 준다. 따라서 효의
한 가지 중요한 차원은 이러한 어려운 보살핌을 수행하는 책임을
지는 것이다.

불교에서는 효를 인간적 행위의 표정이고 만 가지 선행의 첫째
임을 강조하며, 부모의 은덕을 깨닫도록 가르치고 있다(불광교학부,
1991). 부모은중경에는 다음과 같은 애절한 부모 은혜에 대한 구절
이 있다.

깊고 무거운 부모님의 크신 은혜
베푸신 큰사랑 잠시도 그칠 새 없네.
어머님 연세 백세가 되어도
팔십 된 자식을 항상 걱정하시네.
부모님의 이 사랑 언제 끊어지리이까
이 목숨 다할 때까지 미치오리

이 구절이 전하는 근본적인 뜻은 자녀는 부모님의 고마움을 깨닫고 이분들에게 은혜를 갚을 책임이 있다는 것이라고 본다.

| 갚기 어려운 은혜

맹자는 "이 세상의 모든 일 가운데서 부모가 자녀에게 베푸는 봉사만큼 큰 것은 없다."고 했다(論語 學而篇).

부모가 자녀를 위해서 한 노력은 결코 자기의 개인적인 이익을 위한 것이 아니다. 자녀를 위하여 자기들의 안락과 편의를 위해 사용할 에너지를 대가로 받을 생각 없이 바친다. 즉 자녀의 양육과 성장을 위하여 자기들을 희생한다.

그렇다면 자녀도 부모가 한 것과 같이 노경의 부모를 봉양해야 되지 않겠는가

부모의 은혜를 효행으로서 갚아 나갈 수 있다.

효자는 부모를 돌보기 위해서 개인적인 불편, 고통 및 어려움을 참고 견뎌 낸다. 이러한 노력은 무한하고 깊은 부모은혜의 다만 일부—'10분의 1', '100분의 1'—라도 갚으려는 자녀의 책임성의 발

로이다.

책임을 수행하는 데는 어느 정도의 희생이 따르게 마련이다. 효는 개인적 이득을 초월한 희생에 뿌리를 두고 있다. 오늘날의 희생이란 옛날과 같이 부모를 위해 생명을 바치거나 손가락을 끊어 피를 바치는 식의 비인간적 행동일 수는 없다. 오히려 자녀가 그들의 시간, 재력, 사회적 활동의 일부를 부모봉양을 위해 바치는 것을 의미한다. 즉 앞서 논의한 바와 같이 자기가 처해 있는 상황에서 자유재량에 의해서 책임성 있게 효도하는 것이다.

유명한 신학자요 윤리학자인 Aquinas(1981)는 부모은혜가 특수하다는 데 대해 다음과 같이 말했다.

> "자녀가 부모로부터 받은 은혜는 법적인 빚, 즉 받은 액수를 돌려 갚으면 되는 빚이 아니라. 그 빚은 도덕적인 빚이고 감사의 빚이다. 여기에서 감사는 부모가 자신들의 개인적 이익을 바라지 않고 오직 자녀의 안녕을 위해 조건 없이 은혜를 베풀어 준 데 대한 것이다. 중요한 점은 은혜를 베푼 부모는 은혜를 돌려받을 기대를 가지고 자녀에게 베풀지 않았다는 사실이다."

| 부모에 대한 존경

부모에게 효도한다는 것은 부모를 보살피고 부모가 필요로 하는 서비스를 제공하는 것, 즉 사친(事親)을 뜻한다(孟子 離婁章句上). 사친은 곧 부모를 존경하면서 보살핀다는 뜻이다.

예기(禮記)에는 사친을 부모를 존경하고, 부모와 부모가 인도하는 가족을 욕되게 하지 않고, 부모에게 좋은 음식, 의복 및 따뜻한 방을 제공해 드려 편히 모시는 것으로 기술되어 있다(大孝尊親 其次不辱 其下能養). 이에 따르면 사친의 첫째 조건이 부모에 대한 존경이다.

이 교훈은 자녀가 부모에게 할 원초적인 의무를 규정한 것이다. 부모에게 진 빚은 매우 크기 때문에 무엇보다도 먼저 부모를 존경해야 한다.

Aquinas는 이어

> "나는 나의 부모님을 공경하는 의무를 수행해야 하는데, 부모에게는 나의 아이나 친구에게 안 해도 되는 존경을 해 드려야 한다. 하나님을 제외하고 부모는 우리를 이 세상에 존재케 하고 발전케 한 원천이기 때문이다."

성서의 구약과 신약의 여러 곳에서 자녀는 부모를 존경해야 한다고 교시되어 있다.

예로 출애굽기(20:12)에는

> "네 부모를 공경하라 그리하면 너의 하나님 나 여호와가 네게 준 땅에서 네 생명이 길리라."

마태복음(19:19)에는

> "네 부모를 공경하라. 네 이웃을 네 몸과 같이 사랑하라······."

레위기(19:3)에는

"너희 각 사람은 부모를 경외하고 나의 안식일을 지키라……."

이러한 성경의 구절들은 부모를 존경하는 뜻 이상으로 거의 신격화한 뜻을 내포하고 있다고 본다(Post, 1989).

우리의 문화에서는 원래 다른 사람들을 예의 바르게 대하는 덕목이 강조되고 있다. 이러한 문화적 관행에는 사람은 사람을 존중해야 한다는 가치관이 함축되어 있는 것이다.

남을 존중하는 행동에는 언제나 겸양(謙讓)—남에게 겸손하고 양보하는—의 덕이 깃들어 있다. 이 행동은 우리 한국인이 일상생활을 지배하는 생활규범을 이루는 덕행이다. 즉 우리는 인간존중과 인간경애를 지향하는 행동문화의 영향 아래서 살고 있다.

부모존경을 중요시하는 또 하나의 이유는 노인들을 가족과 사회에 통합하려면 이분들을 먼저 존중하지 않으면 안 되기 때문이다. 즉 이분들에게 관심을 가지고, 이분들의 신분을 높이고, 이분들의 존엄성을 받들어 주어야 한다.

| 교호적 지원

효의 덕행은 그것이 두 역할자들—성인자녀와 부모—간에 상호존중하고 사랑하면서 지원하는 관계가 이루어질 때 온전히 실행될 수 있다. 서로 존중하는 관계에서도 부모·자녀 관계의 윤리와 도덕성이 유지되고 부모에 대한 자녀의 책임과 위무가 수행될 수 있는 것이다.

퇴계와 율곡은 부모를 '공경'하는 효를 중요시하였다.

앞서 지적하였듯이 퇴계는 아랫사람은 윗사람을 공경하고 윗사람은 아래 사람에게 인자하게 대하는 교호적인 부모·자녀 간의 도리를 밝혔다.

그는 "효와 자(慈)의 도(道)는 천성(天性)에서 나온다. 효와 자는 중선의 으뜸으로 그 은혜는 지극히 깊으며 그 윤리는 지극히 무거우며 그 정은 절실하다."라고 부언했다(최무송, 1985).

퇴계의 경(敬)은 사람을 존경하고 사랑함을 의미한다. 이러한 관계는 인간본성에 그 뿌리를 두는 것이며 경을 가장 실제적으로 실현하는 방법은 부모를 존경하는 것이라고 했다.

율곡도 "남의 아버지가 된 자는 그의 아들을 사랑할 것이요 자식 된 자이면 그의 부모의 은혜를 망각하는 행위를 해서는 아니 된다."고 하였다(율곡전서, 卷27, 擊蒙要訣 序文).

이와 같이 효가 내포하는 인간관계의 윤리는 일방적으로 강행되는 것이 아니라 교호적인 윤리이다. 교호적인 부모·자녀 관계를 증명하는 또 하나의 예로 간(諫: 타이름)을 들 수 있다. 예기에는 부모도 과오를 범할 수 있는데 이런 경우 자녀는 부드러운 표정으로 부모에게 타이를 수 있다고 하였다(예기, 內則).

서양의 윤리학자들도 부모·자녀 관계의 교호성이 중요함을 지적했다. Aquinas(1981)는 부모·자녀 간의 상호교환을 위한 필요한 조건으로서 감사와 우정(gratitude & friendship)을 들었다.

이 조건은 자녀는 부모에 의해 양육되었고 부모로부터 희생적인 봉사를 받았기 때문에, 부모를 위해 감사하면서 다정한 상호관계를 유지해야 한다는 뜻이다. 그는 또 부모는 자녀를 위해서 정서적으로 지지하고 친절히 돌보아 주어야 한다고 했다. 이 말은 곧 퇴계의 상호 존경을 표상한 경(敬)과 같은 뜻이라고 본다.

이렇게 보면 효도는 부모와 자녀 사이의 보살핌과 지원을 주고받는 것이다. 이는 호혜적 관계이며 일종의 인과응보를 나타내는 관계이기도 하다.

명심보감(효행 편)에도 이와 관련된 다음과 같은 말이 있다.

> "태공이 말하기를 어버이에게 효도하면 그의 자식도 또한 효도하나니 이 몸이 이미 효도하지 못하였으면 내 자식이 어찌 나에게 효도하리요."

일찍이 영국의 유명한 윤리학자 Blackstone(1856)은 부모·자녀 관계에 대해서 다음과 같이 논했다.

> "부모에 대한 자녀의 의무는 자연적인 정의와 보은의 원칙에서 나오는 것이다. 우리를 이 세상에 출생시킨 부모에게 어려서는 당연히 순종해야 하고, 자라서는 받들고 존중해야 한다. 우리가 어려서 허약했을 때 보호해 준 부모는 노년에 쇠약해지면 우리로부터 당연히 보호를 받아야 한다. 자녀를 양육하고 교육시켜 성장시켜 준 부모가 도움이 필요하게 되면 그들의 자녀로부터 지원을 받아야 한다."

Kant(1964)는 부모의 은혜에 감사할 의무를 성(聖)스러운 의무라고 했다. 그에 의하면,

> "자녀가 부모로부터 어릴 때 받은 은혜에 대해 감사할 의무는 영원하고 성스러운(heilige) 의무이다. ……자기가 받은 친절을 모두 갚는다 해도 그 의무로부터 벗어날 수가 없다."

사실 자녀는 부모가 그들에게 해 준 바와 똑같은 도움을 부모에게 한다 해도 부모에 대한 감사를 충분히 표시할 수 없다. 왜냐하면 자녀는 부모의 은혜에 다만 반응하는 데 불과하기 때문이다. 부모로부터 받은 은혜는 남에게 진 빚과는 다르다. 남에게 진 빚은 갚기만 하면 벗어날 수 있기 때문이다. 부모에 대한 감사는 무슨 행위로도 충분히 표현할 수 없는 것이다.

　위에서 동양의 석학들이 효에 관해서 교시한 바와 서양의 석학들의 자녀의 보은에 대한 설명 사이에 유사성이 있음을 알 수 있다.

　이와 같이 동서양의 사회적 양심은 부모은혜에 감사할 자녀 의무의 중요성을 명시하고 있다.

8장

노부모의 어머니가 된 딸

다음은 혼자서 살다가 정신적 및 육체적으로 사경에 빠진 고령의 어머니를 딸이 자기 집으로 모셔와 가족적인 애정, 접촉 및 봉양으로 재활시킨 이야기이다.

부모의 은혜를 갚는 호혜적인 부모·자녀 관계를 보여 주는 인상적인 딸의 효행 수기이다.

| 절망 속의 어머니

나의 어머니는 76세 때 거의 죽음 직전에 도달한 절망 상태에 놓여 있었다. 그러나 이제 80세가 되신 어머니는 활기에 차고 새로운 인생을 살고 계신다. 나는 어머니의 재활을 지켜보며 놀라움과 존경의 심정을 금치 못하고 있다.

어머니를 절망으로 몰아간 주요인은 암으로 아버지가 사망한 사건이었다. 어머니는 그분과 50년을 같이 살았다. 이분들은 사이가 좋았고 재정적으로 여유가 있었고, 해가 갈수록 더 사랑하는 사이였다.

그러나 아버지가 갑자기 세상을 떠나시자 어머니는 가슴속에 지울 수 없는 깊은 상처를 입게 되었다. 어머니는 울지도 않았고 무슨 방법으로도 슬픔을 풀지 못했다. 날이 갈수록 그의 슬픔은 마음속 깊이 잠겨 들어 분노와 고통으로 변했다. 그리하여 술을 마시고 담배를 피우며 죽음을 소원하게 되었다.

처음에는 어머니가 평생 지켜 오신 생활습관이 그분에게 도움이 되는 것 같았다. 즉 여러 해 동안 집안일을 돌보아 준 가정부가 일주일에 세 번 집안을 정리해 주었고, 친구들과 바둑을 두었고, 슈퍼에 가서 식료품을 샀고, 교회에서 미사를 드렸다. 그리고 미장원에 가서 머리를 하시고, 가끔 좋아하는 음식점에서 식사를 하였다. 이런 비교적 정상적인 생활을 어머니는 해 나가셨는데 어느 날 넘어져 허리를 다쳤다. 그 후는 7층 아파트 안에 틀어박혀 일절 외출을 않게 되었다.

경영학을 전공한 후 큰 회사의 경리부장으로 있었던 어머님은 이제 잠옷과 내의만을 걸치고 혼자 방 안에서만 칩거하는 사람으로 변했다. 주일날 미사에 안 가신 지는 벌써 여러 주일이 되었다. 책을 읽는 것이 일과로 되었던 그는 텔레비전을 밤낮 가리지 않고 보고 있어 취침시간이 대중없었다. 밤을 낮으로 생각하고 새벽 2시에 나에게 전화를 거시고 이야깃거리를 꺼내신다. 때로는 밤중에 아침 식사를 하려 부엌으로 가신다. 고작 커피 마시는 것과 담배 피우는 것이 그분의 아침 식사였다. 점심은 밥 반 공기와 김치 두 조각이었다. 저녁은 음식점에 주문한 우동이나 자장면 정도였다. 시간의 대부분을 담배를 피우면서 보냈다. 담배꽁초는 의자와 식탁

주변에 흩어져 있고 융단 이곳저곳에 담뱃불에 탄 흔적들이 보였다. 다행히도 아파트에 불이 나지는 않았다.

어머님은 정신적 질환, 음주, 영양실조로 아파트 안에서 자주 넘어졌다. 이럴 때면 그는 기어서 전화기를 찾아서 빌딩관리자를 불렀다. 빌딩관리자는 어머니를 일으켜 부축해서 침대로 데려가 눕혀 주었다. 이런 일이 되풀이되었지만 회복되는 기세가 보이지 않았다. 그러던 중 어느 날 그런 삶을 더 이상 계속 못 하게 만든 일이 일어났다. 이제 생각하면 이런 일이 발생한 것이 어머니를 위해 참으로 다행스럽다고 본다.

어느 날 아침 가정부가 어머니가 침대 아래 떨어져 있는 것을 발견하였다. 이렇게 36시간을 보낸 것이다. 그의 몸은 탈수상태였고 고통스러워하며 헛소리를 했다. 의사는 허리에 상처를 입었고 뇌출혈이라는 진단을 내렸다.

즉시 응급차로 종합병원으로 옮겼다. 여러 가지 의료 기구를 사용하여 종합검진을 받았는데 기적적으로 뇌출혈이나 다른 증상은 없고 단지 골절이라는 진단결과가 나왔다. 2주일 동안 병원에서 하루 세끼 식사를 하고, 술을 안 마시고, 의료진과 가족의 감독을 받으면서 지난 후, 어머님은 눈에 생기가 돌기 시작하고 웃음을 보이게 되어 3년 만에 처음으로 정상적인 모습을 되찾게 되었다.

| 가족과의 접촉과 어머니의 재활

이 일이 일어난 후 어머니는 나의 집으로 옮겨 사시게 되었다.

그러나 이런 전환은 쉽지가 않았다. 이렇게 옮겨 살게 된 데 대해서 어머니도 그랬지만 나는 노여움을 금치 못했다. 입원하는 사고가 나기 전에 내가 어머니를 위해서 한 모든 노력이 수포로 돌아갔기 때문이다.

나는 매일 어머니에게 전화를 해서 사랑에 담긴 대화를 했었다. 아버지가 돌아가셨는데 어머니까지 잃어서는 안 된다고 걱정하며 이것저것 어머니에게 도움이 된다고 생각하는 일들을 해 나간 것이다. 흔히 한밤중에 어머니 전화를 받고서는 공포에 휩싸였다. 나의 공포는 노여움, 불신감, 좌절로 변했다. 어머님은 내 집으로 옮겨 와서 같이 사시라는 나의 권고를 오랫동안 받아들이지 않았다. 또 그의 친구와 함께 사시라는 권유도 받아들이지 않았다.

아들은 자라서 집안의 아버지가 된다는 말이 있다. 나는 이제 나의 어머니의 어머니가 되었다.

어머니는 나의 사랑과 보살핌이 필요한 나의 자식들 가운데 한 사람이 된 것이다. 나는 이분이 절망 속으로부터 되살아나는 상황을 지켜보며 한없이 즐거워하고 있다.

어머니는 지팡이를 집어 던지고 하루에 서너 번 계단을 오르내리기 시작하였다. 더 중요한 변화는 이제 의사의 지시에 따라 마련한 저녁식사와 함께 과일을 드시게 되었다. 하루에 정상적인 세 끼의 식사를 하게 된 것이다. 미장원에 가서 머리를 하고, 교회에 나가기 시작하고, 손자녀 학교에 가서 학예회를 참관하고, 음악회에도 간다. 어머니에게 웃음과 생에 대한 의욕이 되살아났다.

나의 아이들은 할머니의 변하는 모습을 보고 그분에 대한 이해와 인내심을 기르게 되었다고 한다. 어머니는 손자녀에게 그가 가진 모든 사랑을 퍼부었다. 그들에게 공부하라, 방을 깨끗이 하라, 행동을 바르게 하라는 등 내가 하는 잔소리를 하지 않아서 그들과 더욱 친밀하게 되었다.

나는 이제 나의 어머니를 되찾았다. 사람과 접촉한다는 것의 중요함을 뒤늦게 알게 되었다. 접촉은 치유하는 힘이 있는 것이다. 여섯 살 된 손자를 껴안으면서 인사를 나누고, 나와 포옹을 하고, 손자녀의 손을 잡고 자동차에 가서 같이 타는 것들이 모두 그분을 회복시키는 힘이 되었다. 친구들의 왕래도 있었고 가끔 애완동물을 돌보는 사람들이 찾아와 어머니와 함께 즐거운 시간을 보냈다. 애완동물도 어머니의 재활에 기여를 했다. 어머니는 우리가 생일날 선사한 강아지와 고양이를 잘 돌보시고 있다. 이들 애완동물은 어머니 곁을 떠나지 않는다.

"어머님 일 년 전에 비해 훨씬 더 좋아지셨어요."라고 하면 어머님은 웃으신다. 그리고는 "나는 그렇게 되려고 노력하고 있어."라고 응답한다. 어머니는 일 년 전에 그런 노력을 할 능력이 없었다. 어머니이 지금 형편은 만족스럽다고 할 수 있다.

우리 사회에는 부모와 동거하는 사례가 점점 줄고 있다. 그리고 고령의 부모들도 자녀와 함께 살기를 원치 않는 분들이 많다. 어머니도 전에 살던 아파트로 돌아가 혼자 살기를 원하신다. 가끔 그곳에 가 보시기는 하나 만약 그곳으로 다시 돌아가 사신다면 또 암흑

같은 환경에서 생활하실 가능성이 있다. 양로원과 노인요양원 같은 데도 마찬가지로 어머님한데 도움이 된다고 보지 않는다.

그래서 우리는 지금의 상황에 만족하며 살아 나가기로 했다. 모든 사람에게 이 생활방식을 권하지 않는다. 내가 전하고 싶은 말은 우리의 연로하신 부모님들은 우리 젊은 사람들이 원하는 바와 똑같이 관심을 가져 주고, 애정을 나누고, 보살펴 주고, 봉양해 주는 것을 원하고 있다는 사실이다. 나는 이런 인간적인 대접—즉 효도를 하는 것—이 놀라운 변화를 가져온다는 사실을 체험하였다.

9장

노소가 서로 돕는 배움터

| 새로 사는
인생

이 장에서는 노령자와 연소자가 서로 도움을 주고받는 호혜적 지원 프로그램의 한 예를 소개하고자 한다. 이 프로그램은 저자가 공부를 한 미국의 미시간 대학이 있는 학교도시 앤아버(Ann Arbor)에서 운영되었으며 저자가 직접 참관한 것이다.

다음은 이 프로그램에 참여한 고령의 스미스 여사가 초등학교 학생들과 학교세팅에서 도움을 주고 또 도움을 받는 노소세대 간에 이루어진 아름다운 교호적 관계를 알려 주는 이야기이다.

스미스 여사는 금년 78세로 남편과 함께 그의 성장한 세 자녀들이 사는 앤아버 시내 한 지역에서 살고 있었다. 이렇게 온 가족이 한 지역에 모여 살면서 서로 애정을 나누고 서로의 안녕을 염려하는 스미스 부인 가족을 다른 사람들은 부럽게 여기고 있었다.

그러던 차에 스미스 여사는 매우 심각한 고독에 빠져 더 이상 보람 있는 생활을 할 수 없다는 생각을 하기 시작하여 점차 우울증 증세를 나타나게 되었다. 게다가 귀가 멀어져 교회의 활동에도 참여하기가 어렵게 되어 삶에 대한 자신감을 잃게 되었다.

다행히 앤아버(Ann Arbor) 시내 초등학교를 세팅으로 하는 노소(老少)세대 합동프로그램이 시작되어 스미스 여사는 이 프로그램이 자기에게 뜻있고 안녕을 증진할 수 있다고 믿고 참여하기로 했다. 그는 이 프로그램에 참가함으로써 실제로 보람이 있는 생활을 할 기회를 얻게 되었다.

| 고령자와 연소자의 합동

이 프로그램은 남녀노소가 학교에서 미술, 글쓰기, 공예, 재봉 등 분야에 관한 공부를 하면서 특히 고령자들과 연소자들이 함께 기술을 배우고 지식을 얻고 경험을 쌓도록 하는 활동을 내용으로 꾸며져 있다. 스미스 여사는 가까이 있는 초등학교에서 진행되는 이 프로그램에서 일주일에 한 번 10세에서 11세의 아동들에게 그림 그리기를 가르치는 자원봉사자 역할을 맡아 자기의 능력을 재발견하는 기회를 가지게 된 것이다.

이 프로그램은 고령자들이 젊을 때 체득한 기능(그림 그리기, 바느질, 목공예, 화초 가꾸기 등을 하는 기법)을 활용하고 발전시켜 나가도록 한다. 교실에서 어린이들과 노인들이 함께 가르치고 배우는 노소가 합동해서 하는 다목적 교육과정이다.

고령자로 하여금 그분들이 평생 축적한 지혜, 경험, 지식, 기술을 어린 사람들에게 전달해 주는 데 이 프로그램의 특징이 있다. 한편 어린 사람들은 보통 교과목에서 배우지 못하는 기술, 정보, 그리고 경험을 얻게 되어 자극적이고 재미가 있는 배움의 터전이 되었고 친절과 애정으로 지도해 주는 고령자들과 친구가 되었다.

앤아버 시 교육구의 이 프로그램은 성공적으로 운영되어 다른 공립학교들에도 확대 실시되었다. 미국정부도 이 사업을 성공모델로 채택하여 전국에 확산해서 실시하게 하였다.

스미스 여사는 이 프로그램에 계속 참가하였다. 그런데 그분의 손자녀는 할머니의 이 프로그램 참여를 어떻게 보았을까? 이들은 할머니의 노화과정에서 일어나는 문제를 처음에는 놀랍고 해결이 어려운 것으로 보았다. 그들은 스미스 여사가 다른 사람과 대화를 못 하게 되고 어려움을 극복하려 애쓰는 상황을 지켜본 것이다.

그런데 이제 할머니가 용기를 내어 새로운 배움과 가르침의 길을 가게 되면서 보람 있는 생활을 즐기는 모습을 보고 그들은 지난 날 할머니의 생활과 매우 대조적이어서 기뻐하였다.

사실 고령의 자원봉사자들은 어린이들의 장래를 위해 보람 있게 기여할 수 있다는 데 대한 자신감을 얻었다. 한편 어린이들은 고령의 친구들과 함께 공부함으로써 자기 존중감을 증대하고, 창의적이고 독립적으로 생각할 능력을 기르고, 공부할 능력을 기르고, 역사와 문화에 대한 시각을 가지게 되고, 일과 여가활동을 고르게 하고, 특히 사람이 노화(老化)에 대한 이해를 하게 되었다

오랫동안 살아온 연장자들로부터 애정, 관심, 존중을 받은 어린 학생들은 자기 자신들을 스스로 소중하게 여기게 되었다. 이들에게 그 프로그램이 어떠하냐고 질문을 했더니 거의 모두가 "좋았다.", "얻은 바가 많다.", "기분이 좋다.", "자라난 기분이다." 등의 긍정

적인 응답을 했다.

이들은 여러 면에서 공부를 더 잘하게 되었음이 나타났다. 더 많은 숙어와 단어를 사용할 수 있게 되었고 특수한 기술과 지식을 습득하였다. 현저한 발전은 이들이 공부하는 데 필요한 새로운 정보를 얻어 이를 활용한 것이다.

예를 들어 목공예를 하는 데서 수학에 대한 관심을 가지게 되고 봉재를 배우는 데서 예술에 대한 관심을 가지게 된 것이다. 소형 인쇄기 조작을 배우면서 글자를 깨끗이 쓰는 방법을 익히고 철자를 더 정확히 사용하게 되었다.

또한 고령자들로부터 과거에 일어난 일들에 대한 이야기를 듣고서 역사와 문화에 대한 이해를 증진하였다. 그리고 이분들의 좋은 생각과 모범을 본 따는 학생들이 많았다. 게다가 노령자들이 평생 경험한 일에 대한 이야기를 듣고 앞으로 그들이 할 수 있는 일과 직업에 대한 정보를 얻고 이해를 하게 되었다.

이 프로그램으로부터 또 다른 혜택을 얻을 수 있었는데 그 것은 사회적으로 격리되어 있는 중년의 여성들이 이에 참여해서 프로그램의 보조자로서 활동하여 생긴 것이다. 이 여성보조자들은 허약하고 신체적으로 부자유한 노인들이 학교에 와서 그 프로그램에 참여하도록 도와주는 역할을 맡았다.

이들은 자녀가 성장해서 독립해 나가 부부끼리 또는 홀로 생활하는 분들이었다. 그 프로그램은 이들에게 모성애와 남을 보살피는 능력을 발휘하여 노령자들이 학생들을 도와주는 보람 있는 활동을 할 기회를 제공하였다. 이들 가운데는 프로그램 참여 후 자극을 받아 직장을 찾아 직업전선에 다시 나간 이들이 있었다. 이들도 역시 고령자에 대한 이해를 높였고 자신들도 곧 노화기에 드는데 노화에 대한 지식을 넓게 되었다.

그러면 어느 편이 이 프로그램으로부터 더 많은 혜택을 받았는가? 설문조사를 한 결과 노인봉사자들도 어린 학생들의 경우와 같이 매우 긍정적인 반응을 보였다. 즉 그분들은 이 프로그램에 참여함으로써 가족과 친구들과의 관계가 더 만족스럽게 되었으며 건강이 좋아지고 행복감이 증대하였다고 응답하였다.

고령의 자원봉사자들은 일주일에 한 번 학교에 와서 이와 같은 교환을 하면서 어린 학생들과 사회적 관계를 이루어 고독감과 격리감을 해소할 수 있었던 것이다. 이들 중 애리스 여사가 넘어져 학교를 못 나오게 되자 10세 된 마크는 학교에서 일어난 일들을 매일 그분에게 전화로 알려 주었다. 이런 어린 학생들의 관심과 친절한 행동에 힘입어 애리스 할머니는 빨리 회복해서 학교에 나가 마크와 함께 활동해야겠다고 다짐하였다.

| 보람이 있는 생활

고령의 자원봉사자들의 대다수는 그들의 생활이 쓸모가 있고 값이 있다고 느끼게 되었다. 다음과 같은 말을 흔히 들을 수 있었다. "나는 여러 가지를 배우고 있다.", "이렇게 학교에 와서 아이들과 함께 작업을 하니 고통과 외로움이 사라진다.", "혼자서 눈물이나 흘리고 있지 않고 보람이 있는 일을 하게 되었다."

이렇게 새로운 생활을 하도록 하는 터전은 학교이다.

이 프로그램을 성공으로 이끈 요인들은 첫째 이 프로그램을 담당한 학교 교직원이 고령의 자원봉사자들을 환영하고 지원하는 태도였다. 그리고 중년 여성 자원봉사자들이 주는 격려와 성원이 프로그램을 뒷받침하는 힘이 되었다.

자원은 학교 주변에 있었다. 다만 이 자원을 동원해서 활용하는 지도자가 필요했던 것이다.

이 프로그램은 원래 초등학교에서 실시되는 범위가 좁은 프로그램이었으나 운영결과가 좋아서 점차 다른 지역으로 확대되었고, 프로그램 내용도 보다 다양하게 발전하였다.

일례로 점심 때 노인들도 학교에 와서 학생들과 함께 식사를 하도록 조치를 하여 특히 혼자 사는 노인들을 위해 매우 좋은 결과를 냈다. 그리고 폐품세일 행사를 열어 노인봉사자들이 쌓아 둔 헌 물건, 필요가 없는 것들을 학교에 가지고 와서 판매하여 학생들로 하여금 사업경험을 얻도록 하고 노인들을 위한 잡비를 마련해 주었다. 또 수선센터를 두어 학생들과 노인들이 함께 물건을 고치는 기술을 습득하고 공동작업 경험을 얻도록 해서 또 하나의 가르치고 배우는 장을 이루었다.

이 세대 간의 협동사업은 지역사회에 현존하는 자원, 흔히 잠자며 활용되지 않고 있는 인적 및 물적 자원을 아주 작은 비용을 들여 사용해서 커다란 사회교육적 효과를 발생할 수 있게 하였다. 즉 지역사회의 고령자들과 소년들, 주민, 집단 그리고 지역사회 전체가 보다 건전한 삶을 영위토록 유도한 것이다.

이러한 노소합동 교육 사업을 계획하여 운영하기 위해서 앤아버 시내의 전문가들과 자원봉사자들이 협동하여 여러 달을 두고 작업을 했다. 즉 이 프로그램은 그 도시의 전문인들 가운데서 자원봉사자들을 확보하여 이들의 지원을 받아 설계되었고, 남녀노소 자원봉사자들의 협조로 자치적으로 운영되어 그러한 성과를 내어 마침내 미국의 다른 지역으로까지 확산된 것이다.

이 프로그램은 고령자들과 연소자들이 함께 어울려 서로 가르치고 배우며 도움을 주고받는 호혜적 프로그램으로서 지역주민의 관심과 협동으로 지역 내의 자원을 활용하여 민간이 자치적으로 조직하여 운용한 성공사례이다.

10장

고령자 부양: 미국의 고민

가족과 국가의 책임분담

우리와 문화적 맥락을 달리하는 미국에서 고령자를 지원하는 상황을 들여다봄으로써 비교문화적 시각에서 우리와 같은 점 및 우리와 차이가 있는 점을 발견할 수 있다. 이러한 차이가 고령자를 위한 서비스와 지원에 미치는 영향을 감지할 수가 있다.

참고로 고령자와 관련하여 미국인들이 우리와 다른 점을 몇 가지만 지적해 두고자 한다. 이런 점을 염두에 두고 이 장을 읽어 나가기를 바란다.

먼저 절대다수의 미국인들은 성인이 되면 광막한 대륙에 분산되어 부모와 멀리 떨어져 산다. 우리와 비교해서 대다수 미국인들은 가족 중심적인 성향이 약한 편이다. 그리고 효의 문화적 가치와 전통이 없어 고령의 부모와 고령자를 부양하는 데 대한 책임감, 사명감, 애착심이 우리보다 약한 경향이다. 그래서 미국정부의 최대 관심사의 하나는 가족의 고령자부양 기능을 강화는 데 있다. 효의 전통이 없음에 따라 고령자를 존경하는 문화적 분위기가 없다. 한편

정부와 사회가 지원하는 공적 서비스는 부족은 하지만 비교적 다양하게 제공되고 있으나 가족과 비공식적 지원망이 제공하는 정서적 도움과 서비스가 우리보다 약한 편이다. 이러한 차이는 대체로 정도의 차이이기는 하나 다른 연구들에서 지적된 것이다.

어떻든 미국정부와 노인복지단체들은 고령자 문제 해소를 위한 다양한 방법을 연구, 개발하고 있으며 주와 지방에 따라서는 상당히 효과적으로 고령자를 위한 사업을 실시하고 있다.

| 부양자의 고민

미국인들의 가장 큰 고민 가운데 하나가 그들을 낳아 주고 길러 주고 사랑해 준 부모가 노쇠해지고 있다는 사실이다. 이 노쇠해진 부모들은 보살핌과 지원을 필요로 한다.

미국은 다양한 인종, 문화, 사회집단들이 사는 나라이기 때문에 부모와 노인들에 대한 태도와 행동도 다양하다.

이 장에서는 이런 나라를 총괄적으로 보는 시각에서 미국인들이 당면하고 있는 고령의 부모를 지원하는 데 관한 문제들을 살펴보고자 한다.

미국의 노인문제라고 하면 제일 먼저 떠오르는 것이 다음의 질문이다.

"누가 이 고령의 시니어들(어르신들)을 돌보아 줄 것인가?"

미국인들은 이런 질문을 흔히 하고 있으나 이에 대한 묘답은 나오지 않는 것 같다.

고령의 부모를 가진 미국인은 500~1000리 길을 자동차로 가서 그곳에 외로이 사는 부모를 찾아 잠시나마 보살피고 돌아온다. 부모와 멀리 떨어져 사는 미국인들은 먼저 거리 문제를 극복해야 한다. 노부모의 건강이 악화되면 더 자주 먼 거리를 달려 방문을 한다. 직접 방문을 못 할 때는 그 근방에 사는 친척이나 친구에게 부탁해서 아니면 돌보는 사람을 고용해서 돌보도록 한다.

그러다 부모가 장기요양이 필요한 질환에 걸리면 멀리 사는 자녀는 커다란 곤경에 빠진다. 이런 위기를 당해 자녀는 부모가 사는 곳을 오가면서 부모 시중을 들다가 과로와 스트레스로 자신이 병을 앓게 되는 경우가 흔히 있다.

지금의 성인 미국인들이 자라날 때는 미국에는 이웃과 공동사회가 있어 그 안에 사는 사람들은 서로 돌보아 주었었다. 이제는 그런 사람들의 모임의 호혜적으로 돕고 보살피는 힘이 약해진 것 같다.

| 이어져 보살피는 관습

그러나 대다수 미국인들은 어려움을 겪으면서 책임성 있게 돌보고 있다(Connidis, 2001; Monk, 1983; Shanas, 1979). 수많은 미국인들이 그들의 '노부모의 부모' 노릇을 하고 있다. 효의 전통은 없으나 그들도 효도를 하고 있는 셈이다. 다만 효도를 표현하는 방법과 실천하는 정도와 범위에서 우리와 차이가 있다고 본다(Sung, 1994,

2004). [한국인과 미국인의 부모부양의지의 차이에 대해서 제 I 권 6장을 참조하기를 바란다.]

노인들의 생명이 연장되고 연령이 높아짐에 따라 자녀들의 걱정은 더 커지고 있다. 광막한 미국 땅에 팔방으로 흩어져 사는 미국인들은 부모의 유고 시에는 하는 수 없이 남에게 부탁해서 노부모를 치료하고 간호하도록 한다. 이것은 쉬운 일이 아니다. 재정적 부담이 크고 가까이서 돌보지 못하는 데 대한 죄의식을 가지기 때문이다.

오늘날의 미국인들은 30~50년 전의 미국인들보다 부모를 잘 봉양하지 않는다고 비평한다. 그러나 발표된 조사결과에 의하면 미국 가족들은 시대적 요청에 부응하여 예전에 못지않게 많은 지원을 부모에게 제공하고 있다(Shanas, 1979; Horowitz & Shindelman, 1983; Noelker & Harrel, 2001).

예전과 다른 점은 고령자들의 문제의 차원이 달라진 것이다. 부모는 더 오래 살고, 갑자기 사망하지 않고 병이 나도 오랜 기간 치료를 받으면서 산다. 의료기술의 발달로 노인들의 생명은 연장되지만, 고령이 되면 흔히 심장마비나 뇌출혈 같은 장기 요양이 필요한 질환을 가지며 이를 치유한 뒤에도 오랜 기간에 걸친 간호가 필요하다. 그리고 고령자들은 신경통, 우울증, 치매와 같은 여러 해를 걸쳐 서서히 신체기능을 저하시키는 병이 많다.

장기요양을 필요로 하는 의존적인 부모를 보살피는 자녀들은 이분들과 자신들의 어린 자녀 사이에 끼어 양편을 위해 에너지를 투입해야 한다.

대다수의 미국인들은 이런 어려움을 극복해 가면서 부모를 부양하고 있다.

사실 저자가 한 조사에서 장애가 있는 노부모를 어떤 이유로 부양하느냐라는 질문을 미국인 부양자들에게 한 결과, "자녀의 책임 때문에", "은혜를 갚으려고", "사랑하기 때문에"라는 이유들이 나왔는데 은혜보답이 세 가지 주요 부양이유 가운데 하나이다(Sung, 2007; ch. 11). 이와 같이 미국인들도 부모은혜를 갚기 위해 부모를 부양한다. 이 점에서는 우리와 같다.

| 부양책임의 이행

한편 미국의 고령자들은 과거 어느 때보다도 더 재정적인 여유를 가지고 시니어 홈, 은퇴자 커뮤니티, 고령자 주택 등에 많이들 입주하고 있다. 자기들 스스로 생활을 꾸려 나가면서 자녀들의 부담을 줄여 주고 있다.

약 70%의 미국의 고령자들은 이와 같이 독자적으로 살고 있으며, 20% 정도가 자녀와 동거하고 있다. 양로원이나 요양원 같은 시설에 입주한 분들은 10% 미만이다. 약 80%의 노인들은 매주 친척과 가까운 친구를 만나고 있다. 혼자 격리되어 사는 고령자들은 드물다(CDC, 2005).

그런데 놀라운 징조는 85세 이상의 최고령자수가 점점 늘고 있는 사실이다. 노인들의 약 1/4이 이들 최고령자들이다. 더 놀라운 사실은 2040년이 되면 85세 이상 고령자가 현재의 2백만 명으로부터 1,300만 명으로 증가하는 것이다. 65세 이상 노인들도 현재의 2,600만 명에서 약 7,000만 명이 된다는 예측이다(CDC, 2005). 이 숫자들은 노인들이 그들보다 더 고령의 노인들을 정서적 및 재정적 어려움을 극복하면서 부양해야 하는 어려운 시대가 임박한다는 것을 예고하고 있다.

현재 500만 미국인들이 매일같이 부모를 보살피고 있다. 부모와 멀리 떨어져 사는 자녀는 유료서비스를 알선하고 의료 및 재정적 수단을 동원하여 부모를 지원하고 있다. 이러한 노력은 그들의 심리적 및 경제적 힘을 소진하고 있다.

미국인들은 부모와 독립해서 자기의 핵가족을 형성하는 것이 문화적 관습으로 되어 있다. 그래서 거의 모든 성인자녀들은 부모와 떨어져 살고 있다.

이렇게 멀리 떨어져 살면서 부모를 부양하는 것은 오늘날에 와서 미국인들의 매우 심각한 고민거리가 되었다. 부모 옆에 있지 못해 가지는 죄의식은 매우 크다. 장기요양이 필요하거나 장애가 심한 부모를 할 수 없이 양로원이나 요양시설에 입주시킨 후에도 자녀들의 불안감과 걱정은 가시지 않는다.

노부모와 함께 사는 자녀들도 부모를 위한 부양과 자신들의 가족을 위한 의무 사이의 갈등, 부모를 충분히 보살피지 못하는 데 대한 죄의식, 부모를 모심으로써 생기는 어려움에서 벗어나려는 욕망에 갈등하며 생활하고 있다.

부모·자녀 간의 상호지원 상황을 볼 때 미국가정에서도 부모가 자녀에게 베푸는 도움이 자녀가 부모에게 제공하는 지원보다 더 크다는 것이 일반적인 견해이다.

남부지방에는 3세대 대가족들이 혹간 있는데 이런 다세대 동거 가족에서는 부모와 자녀가 서로 주고받는 도움이 크다. 노령의 부모는 자녀에게 재정적 지원을 하고, 아이를 보아 주고, 집안일을 도와주고, 위로와 충고를 해 준다.

그러나 어느 시점에 가서는 대다수 고령자들은 지원이 필요하게 된다. 이들은 넘어지거나 골절이 되는 갑작스러운 변을 당하지 않으면 서서히 장기적으로 진행되는 신경통 같은 질환을 앓게 된다. 이렇게 되면 이동을 자유롭게 못하고 옷을 입거나 병마개를 따는 등의 일상생활에 필요한 활동을 못 하게 된다. 신체기능이 저하되면 급기야 치매 또는 알츠하이머 같은 질환으로 진전되어 정신적 및 육체적 기능을 잃게 된다.

| 자녀의 희생

일단 신체적 기능을 상실하여 더 이상 혼자서 일상생활을 해 나가지 못하게 되면 어려운 결정을 내려야 한다. 어디에 가서 사느냐는 것이다.

대다수의 미국노인들은 오랫동안 살아온 집과 이웃에서 독립적으로 편하게 살아가기를 원한다. 가능하면 이사를 하지 않고 또 남의 신세를 지지 않으려 한다. 그렇지만 이렇게 혼자 힘으로 살 수 있는 고령자들의 수는 적다. 그렇게 사는 분들도 어느 정도의 도움과 보살핌이 필요한 것이다. 노인들이 문을 잠그고 자는지, 비가

올 때 창문을 닫았는지, 약을 의사 지시대로 복용하는지, 식사를 정상적으로 하는지 일상생활에 대해 누군가가 관심을 갖고 돌보아야 한다.

결국에는 자녀와 같이 살든지 아니면 보살펴 줄 수 있는 곳으로 옮겨 가야 한다. 근래에는 신체기능을 상실한 미국노인들 중 자녀의 집으로 옮겨 동거하는 분들이 늘고 있다.

자녀와 같이 사는 것이 가장 인도적인 해결책이라고 볼 수 있으나 이에도 문제들이 뒤따른다. 자녀의 신세를 지면서 동거하는 노부모는 자기의 신분을 잃게 되고 발언권이 없어지고 자기 자신의 의사결정을 마음대로 못하게 된다. 평생 따로 살다가 손자들, 친족들과 한집안에서 살게 되면 가족원들 사이의 의견충돌과 마찰이 일어날 수 있다. 자녀의 가족들과 노부모 자신들에게 여러 가지 어려움이 발생하게 된다.

장기질환으로 기동력을 잃고 남의 도움이 없으면 생활을 못하는 의존적인 노부모를 부양한다는 것은 정신적 및 육체적으로 부양자를 소진시키는 매우 어려운 작업이다. 매일 같이 거의 24시간 식사시중, 화장실 내왕, 목욕시중, 집안 청소, 병원방문, 세탁 등을 해나가면서 의견충돌, 심리적 갈등을 해소하는 등 부양자 개인의 문제들은 돌볼 여지가 없이 완전히 피부양자에게 매여 지난다. 게다가 피부양자가 둘이 될 때는 그 어려움은 배가 한다.

하지만 미국의 정책수립자들 그리고 노년학자들과 사회복지사들은 이런 어려움을 젖혀 놓고 부모와 자녀가 동거하는 것이 노부모에게 유리하다는 점을 강조하는 경향이 있다.

| 외부지원의 필요

　한편 자녀와 함께 살지 못하는 장애노인들은 양로원 또는 노인 요양원에 입주하는 경우가 많은데 시설에 입주하는 것도 쉬운 일이 아니다.

　대개의 미국의 성인자녀들은 양로원을 싫어한다. 서비스의 질에도 문제가 있지만 비용이 많이 든다. 부모가 양노원에 입주하면 자녀들은 흔히 모든 일이 잘되지 못해 자신의 부모를 그곳으로 보내게 되었다고 후회하고 자책한다. 대개 의사가 양로원 입원을 권하고 결정한다. 한 달 비용이 중급 양로원의 경우 4,000달러(약 400만 원) 정도가 된다. 대부분의 성인자녀들은 대학에 다니는 아이들이 있고 집값과 자동차 값을 월부로 지불하고 있다. 이들에게 이 금액은 부담스러운 액수이다. 게다가 양로원에서 받는 어떤 치료의 비용은 의료보험이 지불치 않아 별도로 가족이 부담해야 한다.

　미국정부는 의료비와 노인지원비가 엄청나게 증가함에 따라 노인들을 시설에 입주시키지 않고 개인 가정이나 지역사회 안에 머물러 있게 하는 여러 가지 방안을 강구하고 있다. 예로 서비스에 관한 정보제공, 의료팀의 가정방문, 지역사회의 서비스제공자들에게 연결해 주는 의뢰서비스, 부양가족에 대한 세금감면 및 소액의 부양수당, 법률상담, 무료급식, 교육기회 제공 등 서비스들을 제공하고 있다. 이 밖에도 사회복지 서비스와 보건의료 지원이 지역 내 커뮤니티 케어로서 제공되고 있다. 주에 따라 이런 혜택을 주는 정도가 다르다. 어느 지방에는 이런 지원이 희소하다.

그런데 다수 미국인들은 이런 서비스를 제공하는 사회복지 체계에 대해 잘 모르고 있다. 그래서 어디에 가서 어떤 서비스를 구할지를 모른다. 특히 원거리에 사는 자녀는 정보부족으로 부모가 사는 곳에서 서비스를 구하는 데 커다란 어려움을 겪는다.

한편 고령의 부모를 보살피는 데 주도적 역할을 하는 사람들은 딸들이다. 이들은 직장을 가지고 자녀를 양육하면서 노부모를 보살핀다. 한 조사에 의하면 직장여성은 직장이 없이 부모를 부양하는 여성들에 비해 손색이 없이 부모부양을 하고 있다고 한다.

| 정부의 노력

미국정부는 독립적으로 생활을 못하는 고령자들이 가정과 지역사회에 머물러 있도록 유도하기 위한 적절한 정책을 시행하지 못한다는 비난의 소리가 높다.

일단 고령의 노인을 가족이 돌보게 되면 정부는 더 이상 그 고령자와 가족에 관심을 두지 않는다고 비난한다. 미국의 가족지원정책은 유럽의 나라들과 다른 점이 있는 것은 사실이다. 일례로 유럽에서는 장애노인을 부양하는 가족에게 보상금을 비롯한 혜택을 제공하고 있다.

다음에 간략히 미국의 노인을 부양하는 가족에 대한 지원을 소개하고자 한다.

미국에서도 자활능력이 없는 노인을 부양할 일차적 책임은 가족에 있다는 데 정책수립자의 인식이 일치되고 있다.

생계비부족이나 기본적인 의식주 문제보다는 장기요양 문제가 더 커다란 과제가 되어 있다. 즉 장기적으로 간호와 치료가 필요한 노인을 보살피고 보호하는 문제이다.

미국정부는 가족이 고령의 친족을 가능 한도까지 장기적으로 보호 부양하여 노인요양원이나 보호시설에 수용되지 않도록 하는 프로그램들을 개발하고 있다. 즉 가족의 보호부양능력을 증대시키는 노력을 하고 있는 것이다. 일례로 경제적 능력이 있는 자녀가 장기요양이 필요한 부모를 의무적으로 보호부양토록 하는 부모부양책임법을 제정해 놓았다. 주에 따라 다소 차이가 있으나 50개 주들에서 공통적으로 실시되고 있는 가족지원사업으로 다음을 들 수 있다(성규탁, 2003).

* 부양자에 대한 직접 지원(조세감면, 부양수당지급, 간병자 휴가 제공, 부양자 교육)
* 부양자를 위한 간접지원(제가노인복지서비스 제공: 가정간호원 및 가정봉사원, 주간보호서비스, 단기보호서비스 등)
* 간병인 휴식서비스 및 휴가 제공(보호자의 부양부담과 스트레스를 줄여 주려는 목적)

이와 같은 프로그램들을 운영하여 노인과 동거하거나 별거하면서 간병을 하는 가족의 경제적 및 정신·육체적 부담을 줄여 주고 부모부양에 대한 책임을 이행하도록 해서 장기적으로 부양해 나가도록 유도하고 있으나 기대하는 만큼의 결과가 나오지 않는 것으로 평가되고 있다. 부양책임법도 그 내용에 모호한 점이 많고 미국의 문화적 맥락에서 개인의 가정 문제를 법적 수단으로 간섭하는 것이 적절치 못하다는 비판이 있어 법령을 시행하는 데 어려움을 겪고 있다(성규탁, 1996).

한편 미국의 인구통계는 앞으로 날이 갈수록 노인부양 문제의 심각성은 더해 갈 것임을 예고하고 있다. 어쨌든 미국인들과 미국 정부는 의존적인 고령자들을 보호 부양할 의무가 있다.

| 맺는 말

미국사회가 노인을 대접하는 상황을 평가한다면 현재로서는 겨우 합격점수를 받을 수 있겠으나 앞으로 이런 점수를 받기 위해서는 고령자를 위한 사업에 보다 많은 투자를 하지 않으면 안 될 것으로 본다.

미국은 우리와 문화적으로 차이가 있는 나라이다. 앞에서 지적한 바와 같이 첫째로 거의 모든 성인자녀가 노부모와 별거하고 있다. 미국의 문화는 개인의 독립적인 성향 또는 오리엔테이션을 중요시하는 문화이다. 광막한 국토에 가족들이 흩어져 살고 있어 부모와 자녀가 함께 하는 기회가 드물고 또 가족원들이 모이기가 어렵다. 게다가 효라는 문화적 전통이 없어 부모봉양에 대한 도의적 의무감과 가족주의적 사명감이 우리보다 약한 것이 사실이다.

고령자들은 수단적인 지원은 가족 바깥의 공적 서비스 제공자들로부터 받고 있으나 가족이 제일 잘 제공할 수 있는 정서적 지원을 충분히 받지를 못하는 경향이다. 가족들이 떨어져 살고 효의 문화적 영향이 없으며 가족원들 사이에 상호 의존적인 성향이 약한 데서 연유하는 것으로 본다(성, 2005: 13장).

하지만 다수 미국인들은 부모에 대한 책임감이 있어 부모를 의무적으로 부양하려고 노력한다.

우리 문화에서는 부모가 돌아가실 때 임종을 하는 것을 효의 중요한 실천으로 본다. 그런데 미국인들도 가정에 따라 충실히 임종의 예를 한다. 멀리 떨어져 사는 자녀들이 모두 부모님의 거처를 찾아와서 임종 직전에 있는 부모의 침대를 둘러싸고 그분의 종말을 슬프게 지켜보는 장면을 저자는 몇 번 보았다.

그러나 미국인들은 인종과 사회계층 그리고 하위문화에 따라 차이는 있지만 일반적으로 부모봉양의 당위성과 은혜를 갚는 데 대한 집념이 우리보다 약한 것 같다. 이 차이는 효문화가 있느냐 없느냐에서 오는 차이라고 본다.

그들도 우리와 같이 부모를 보살피고 있는 것이다. 저자의 조사에 의하면 한국인과 미국인 사이의 부모부양에 있어서의 차이는 정도의 차이다. 즉 더 높다와 더 낮다의 차이이다.

따라서 미국인들이 오늘날 겪고 있는 어려움과 이를 해소하려는 노력은 우리에게 시사하는 바가 많다고 볼 수 있다

11장

가족지원의 방향

어려움

지금까지 가족 안에서 부모·자녀가 서로 도움을 주고받는 호혜적 관계에서 시작하여 이웃과 보다 넓은 사회의 고령자와 젊은이를 위한 공동사회적인 호혜적 관계로 확대해서 논의하였다.

가족이 시발점이었다. 가족을 출발점으로 하여 넓은 이웃과 사회를 위한 지원활동이 전개되는 것이다.

이와 같이 효도하는 사람은 가족 바깥의 다른 노인들도 공경해야 한다. 효경의 다음 구절이 생각난다.

"어버이를 사랑하는 자는 감히 사람에게 악하지 아니하고 어버이를 공경하는 이는 감히 사람에게 오만하지 아니하나니 사랑하며 공경하기를 어버이 섬김에 다하면 덕의 가르침이 백성에게 더하여 사해의 법이 되리니 천자의 효이니라"(효경, 1章, 今文開宗名義章).

이 가르침은 모든 사람들은 이타적(利他的)으로 다른 사람을 공경하면서 조화롭게 호혜적 관계를 유지해 나가야 한다는 것이며 이 관계의 바탕은 효이다.

이와 같이 고령자 부양문제는 가족 - 이웃 - 사회를 묶은 하나의 공동체적인 시각에서 다루어져 나가야 할 것으로 본다.

고령자부양은 이런 시각에서 전체 사회의 힘과 지혜를 동원해서 다루지 않고는 해결하기 어려운 방대한 과업이기 때문이다.

그런데 고령자들은 연령이 더할수록 개인에 따라 정도의 차이는 있으나 다른 사람의 도움을 더 많이 필요로 하는 의존적인 분들이다.

이 의존적인 분들을 위한 보살핌과 지원을 어떻게 해 드릴 수가 있는가? 가족은 이분들을 지원하는 데서 생기는 정신적, 신체적, 재정적 문제들을 어떻게 해결할 수가 있는가? 출산율의 현저한 저하로 가족원 수는 줄고 있는 데 가족의 부담은 가중되어 갈 것으로 본다.

의존적인 노령기의 친족을 돕기 위해 가족이 투입하는 시간, 회생, 돈을 생각해 보아야 하겠다. 의존적 분들의 심리적, 신체적 및 환경적 요인들이 케이스마다 다를 수 있으나 다수의(가족원 수가 적은) 소(小)가족들은 이분들을 지원하는 부담이 과중하여 긴장과 고통 그리고 재정적 어려움을 겪고 있다.

가족에 따라 부양하는 가족원의 동기, 의욕, 능력, 경제력, 그리고 노부모의 문제와 가족전체가 합동해서 부양문제를 해결하는 능력이 다를 수 있다.

장기간 과도한 부양을 계속하는 경우에는 가족생활에 파탄이 오고 가족원들의 심리적 및 신체적 건강을 상하게까지 할 수 있다.

효도를 하는 자녀는 현실적으로 이러한 어려움에 부딪칠 수 있다. 이런 가족과 개인의 어려움을 인증하고 이를 풀어 주기 위해 이웃, 사회, 국가는 협조해야 한다.

| 가족의 니드(Needs)

가족원의 수는 감소하는 추세이다. 한 사람의 자녀가 친가와 처가의 고령인 친척을 부양하는 경우가 많아지고 있다. 이런 추세와 더불어 노부모를 부양할 능력이 없거나 부족한 가족이 많아지고 있다. 사회복지전문가들은 고령자의 문제를 해결하기 위해 정부와 지역사회가 가족을 지원하는 대안을 내세우고 있다.

유럽의 복지국가들은 여러 해 전부터 가족이 그 나라의 사회복지를 뒷받침해야 한다는 구호를 내세우고 고령자부양을 위한 가족의 보살핌과 지원(이하 가족지원이라 함)이 절실히 필요함을 역설하고 있다. 즉 고령자문제만도 사회보장체계로는 해결할 수 없음으로 가족이 자체의 고령자를 지원해야 한다고 부르짖고 있는 것이다. 이렇게 하여 가족을 세팅으로 해서 제공하는 서비스에 대한 관심이 세계적으로 확산되고 있다(Maroney, 1979; Connidis, 2001).

왜 가족의 지원이 필요한가?

노령인구의 증가와 고령의 환자들이 필요로 하는 의료비와 사회복지서비스 비용을 국가는 감당할 수가 없는 것이다. 이 때문에 비용이 덜 들고 정치적으로 지지를 받을 수 있으며 인간봉사전문직이 받아들이는 대안이 필요하게 되었다.

이 대안으로서 가족의 자조(自助) 기능, 즉 가족 스스로 가족원들을 지원하는 능력을 재조명하게 된 것이다. 위와 같은 경제적 이점 이외에도 가족은 노부모와 도움이 필요한 가족원에게 '정서적 보살핌'과 어느 정도의 '수단적 지원'을 다 같이 제공하는 장점을 가지고 있다. 가족 외부에서 제공하는 서비스들은 수단적(물질적) 지원을 제공할 수 있지만 정서적 지원을 제공하는 데는 한계가 있다. 정부가 가족의 지원을 중요시하는 이유 가운데 하나가 바로 가족이 이러한 장점을 가진다는 데 있기도 하다.

한편 가족이 충분하게 제공하기 어려운 수단적 지원(전문적 및 물질적 지원)을 정부와 지역사회가 보충적으로 제공하는 방안이 개발되어야 한다.

그런데 지역사회지원(커뮤니티 케어)은 영국을 비롯한 나라들에서 개발되어 왔다. 커뮤니티 케어는 의존적인 가족원을 부양하는 가족들의 긴장 및 고통을 해소하고 이들이 계속 부양을 해 나가도록 지역사회 안의 다양한 서비스자원을 연계해서 제공하는 종합적인 지원체계이다. 지역사회 중심으로 지역 내의 자원을 활용해서 지역사회가 자원적으로 가족을 포함한 주민에게 다양한 서비스를 제공하는 것이다.

가족이 맡는 부담을 줄이기 위한 지역사회 복지프로그램을 개발할 필요성은 우리나라에서도 벌써부터 논의되고 있다. 우리도 가족의 역할을 다시 강조해야 할 단계에 이른 것이며 자조능력이 약한 가족을 위한 지역사회의 지원을 필요로 하게 되었다. 특히 질환을 가진 고령자, 정신질환자, 장애아동, 미혼모 등 전문적 케어를 필요로 하여 가족이 돌볼 수 없는 의존적인 가족원들을 위한 커뮤니티 케어가 절실히 요청되고 있다.

| 지역사회의 자원

지역에 따라 차이는 있으나 다수의 지역사회들은 의존적인 고령자들이 필요로 하는 가족 외부의 전문적 서비스들—의료, 간호, 영양교육, 재활서비스, 사회복지서비스 등—을 제공해 줄 수 있다. 뿐만 아니라 식사시중, 가사 돕기, 주간보호, 교통편, 레크리에이션, 평생교육 등도 제공할 수 있다.

어떤 사람은 이렇게 지역사회가 고령자들을 위한 서비스를 제공하게 되면 가족의 역할을 빼앗아 가는 것이 아니냐는 질문을 한다.

그러나 앞서 논한 바와 같이 산업화와 도시화의 여파로 많은 가족들은 자체의 지원능력을 상실하고 있으며 가족 바깥에서 제공하는 이런 전문적 서비스를 절실히 필요로 하고 있다.

위에 열거한 서비스들을 제공함으로써 고령자와 의존적인 가족원들을 지원하는 가족의 지원능력을 보완, 강화할 수가 있다.

새 시대에는 또한 지역 내에 사는 친척, 친구, 이웃으로 이루어진 사회적 지원망의 역할에 대한 기대가 매우 커지고 있다. 우리나라에서도 다른 복지국가들의 경우와 같이 공적 지원체계(정부의 지원을 받는 의료 및 사회 서비스 전달기관들)만으로는 급속히 증대하는 가족의 서비스부담을 감당해 나가지 못할 것이기 때문에 이런 지역사회지원망이 동원할 수 있는 서비스들에 눈을 돌려야 하겠다.

현재는 의존적인 고령자, 장애인, 정신질환자를 위한 지원의 대부분을 가족이 담당하고 있는 실정이다. 즉 가족주의 지향적이며 상호 의존적인 문화적 배경을 가진 우리는 지금까지 가족이 고령자들을 위한 지원을 맡아 왔다고 해도 과언이 아니다.

지금부터는 과도한 부양부담을 지고 있는 소가족들에게 공적 서비스와 커뮤니티 케어를 제공하여 이들이 보다 더 잘, 보다 더 오래 희생을 줄여 가며 의존적인 고령의 부모와 이웃을 지원해 나가도록 도와야 하겠다.

다행히 우리나라의 사회복지체계는 비교적 성공적으로 개발되어 가고 있다. 국가와 지역사회의 서비스자원도 지역에 따라 차이는 있으나 대체로 증대하고 있다.

이러한 유리한 조건하에서 가족의 힘과 국가 및 사회의 힘을 합쳐 의존적인 고령자를 보살피는 공동사회를 이룩해 나가야 하겠다.

새 시대에는 이러한 사회공작적인 노력을 해야만 효를 실천할 수 있는 가족들이 많아지고 있다.

12장

효도하는 공동사회

| 보살피는
사회

사람을 보살핀다는 것은 곧 그를 존중한다는 심정을 행동으로 나타내는 것이다. 존중이라 함은 존경을 할 대상이 되는 사람에게 관심을 가지고 그분을 보살피며 그분의 복리를 위한 어떤 구체적 행동을 하는 것을 의미한다. 이와 같이 존경에는 무엇보다도 보살핀다는 뜻이 내포되어 있다.

우리의 동아시아문화권에서는 사람을 보살핀다는 것은 곧 인(仁)을 행함을 뜻한다. 인은 동북아시아 사람들(중국인과 일본인을 포함하는)의 도덕심의 근간을 이루는 가치이다. 인이란 사람을 사랑하는 것이고 인간애를 실현하는 것이다.

인은 인간애를 실현하려는 사람들로 이루어진 넓은 사회적 관계망 속에서 이루어질 때 커다란 성과를 낼 수 있다. 이 관계망 속에서 개인은 다른 사람들과 상호 의존하면서 서로 보살핌과 도움을 주고받을 수 있다.

퇴계의 철학은 경(敬)을 중심으로 이루어졌다. 경을 실천한다는 것은 곧 부모와 자녀 그리고 이웃과 지역사회 성원들이 서로 존중하고 사랑하는 것이다.

앞서 지적했듯이 두웨이밍(Tu Wei Ming, 1995)은 나와 다른 사람과의 관계에 대해서 다음과 같이 말했다.

> "나 한 사람은 나를 둘러싸고 있는 사람들이 나에 대해 동정심을 가지고
> 나의 존재를 인정해 줌으로써 비로소 나 자신을 실현할 수가 있다."

이렇게 넓은 시각에서 인간관계를 다루는 공자와 두 교수의 견해는 우리의 개인적인 이해타산과 가족만의 이득을 초월하는 윤리에 그 바탕을 두고 있다고 본다.

우리는 이제 범사회적이고 세계화되는 새 시대에 살면서 과거의 가족 중심적 생활태도로부터 보다 더 공동사회 지향적인 방향으로 문제해결 방법을 찾아 나가야 하겠다. 그럼으로써 보다 발전적으로 인간애를 실현하는 호혜적인 생활방식을 개발할 수 있을 것이다.

이러한 공동사회적 생활태도는 곧 효의 이념을 반영한다고 본다. 앞서 지적한 바와 같이 효의 원래 의미는 광범위하고 포괄적이어서 가족의 범위를 벗어나 이웃과 넓은 사회로 확대되는 것이다.

따라서 새 시대에는 이웃과 사회의 고령자, 연소자 기타 모든 사람들이 서로 도움을 주고받는 호혜적 관계 속에서 효가 실천되어야 하겠다.

오늘날 한국에서도 중국, 일본, 싱가포르, 홍콩, 타이완 등 다른 동아시아 나라들에서와 같이 가족 밖의 이웃의 고령자들을 보살피고 지원하는 활동이 점차 진전되고 있다.

사실 한국인은 수백 년 전부터 이러한 지역사회 지향적인 활동

을 하는 전통을 간직하고 있다. 예로 '향약'(鄕約)은 지역사회 중심적인 상호부조 조합이었는데 약 300여 년 전 퇴계가 지금의 경상북도 안동을 중심으로 조직해서 운영한 공동사회 복리를 증진한 민중조직이었다(나병균, 1985; 정순목, 1990). 그 시대와 후대에 전국 여러 지역들에서 이와 비슷한 공동사회를 위한 상호부조 조직들이 운영되었다.

이러한 전통에 힘입어 금세기에 이르러서도 이웃계, 상조회 등 상호부조적 결사를 주민들이 자치적으로 만들어 친족, 씨족, 동리 주민의 복리를 증진해 오고 있다. 지난 수십 년 동안 성공적으로 실행되어 세계적인 관심을 끈 새마을운동도 이러한 지역중심의 상호부조적 결사의 좋은 예이다.

이와 같이 우리는 공동사회의 복리추진을 한 자랑스러운 역사적 배경을 가지고 있다.

| 세대 간의 호혜적 교환

앞서 소개한 퇴계의 교훈을 다시 음미해 보고자 한다. 퇴계는 부모가 자녀에 대한 사랑은 인정(사랑과 정)에서 우러나는 것이며 자녀가 부모를 받드는 정은 효로써 실천된다고 하였다. 이 가르침은 곧 부모와 자녀 사이에 호혜적 의무가 수행되고 있음을 지적하는 것이다.

이 호혜적 관계는 서로 보살피고 혜택을 제공하는 관계이며 부모는 자녀를 위해 헌신하고 자녀는 부모가 고령이 되면 이분들을 지원하는 서로 도움을 주고받는 관계이다. 이 관계에서는 처음에는 보살핌과 지원이 부모로부터 자녀로 옮겨가고 이를 받은 자녀는 후에 성장하여 부모에게 보살핌과 지원을 해 드리는 하나의 사이클 또는 회전이다. 이 회전을 하는 데 필요한 시간은 우리 인생에 있어 그리 길지가 않는 것이다. 즉 부모의 은혜를 받은 자녀는 얼마 안 가서 성장하여 부모에게 그 은혜를 갚게 된다.

자녀의 의무뿐만 아니라 부모가 자녀에게 할 의무에 대해서 다시 생각해 보고자 한다.

부모는 자녀를 위해 사회적, 도덕적 및 재정적 책임을 수행한다. 부모는 자녀를 애정과 희생으로 보호하고 양육하여 사회의 당당한 일원이 되도록 오랜 시일에 걸쳐 사회화한다. 그리고 사회에서 통용되는 가치와 규범을 이들에게 전수하고 예의범절을 가르친다. 또한 재정적인 후원(음식, 주거, 의복, 기타 생활필수품, 교육의 기회, 의료서비스, 생활비 등)을 제공한다. 무엇보다도 자녀는 부모가 자기를 이 세상에 존재토록 한 은혜를 입고 있으며 그 후 다년간 위와 같은 혜택을 주면서 그들의 능력, 지혜, 부(富), 아름다움을 갖추어 준 은혜를 입고 있다. 이런 혜택을 받은 자녀는 효로써 그 은혜를 갚게 된다. 그러나 자녀가 부모은혜를 갚는 정도와 범위는 대개의 경우 부모가 그들에게 베푼 것에 비하면 극히 미소한 것이다. 자녀가 부모에게 은혜를 갚으려고 효를 하는 것은 근본적으로 갚기가 불가능한 조건하에 하는 인간적인 노력에 불과하다.

부모·자녀 간의 호혜적 관계는 이런 배경을 염두에 두고 논해야 한다.

위에서 논한 호혜적 관계에서는 마음속의 인정(仁情)과 행동적인 지원이 부모, 자녀, 친족, 친구 및 이웃에게 미치게 되며 무엇보다도 고령이 되어 자기 스스로 독립적으로 기능하기가 어려워진 고령자에게 이를 제공해야 하는 것이다.

| 지역사회적 보살핌

저자는 인(仁)의 이념을 실천하는 방법으로서 퇴계가 제시한 이웃과 사회로 확장된 보살핌을 '지역사회적 보살핌'이라고 부르고자 한다. 이것은 위에서 논의한 커뮤니티 케어가 함축한 의미를 가진다.

이런 케어가 이루어지는 사회는 동아시아의 가치인 '인'에 바탕을 둔 서로 보살피고 지원하는 상호 의존적 공동사회라야 할 수 있다.

지역사회에서 진행되는 보살핌은 가족, 친족 및 이웃이 제공하는 비공식적 지원체계와 정부가 제공하는 공적 서비스체계를 포괄하는 통합적인 것이다. 지역사회 중심으로 진행되는 이러한 폭이 넓은 지원체계는 고령자와 연소자 사이의 교호적 지원을 추진하는 긴요한 역할을 할 수 있다. 따라서 이런 지원체계는 효의 기본이념을 실천하는 장을 이룩할 수 있다.

지역사회적 보살핌을 실행하기 위해서는 고령자와 젊은 사람들이 먼저 같이 합동해야 한다. 건강하고 식견이 있는 고령자들은 노소세대들이 함께 참여하는 활동 예로 자원봉사프로그램에 참여할 수 있다.

고령자들은 이 프로그램에서 젊은 사람들과 짝을 맞추어 앞 장에서 소개한 바와 같은 다세대 봉사활동을 할 수 있다. 한국의 고령자들은 어린이와 젊은이를 가정과 사회에서 아끼고 중요시한다. 이에 응하여 젊은 사람들은 고령자들을 존중하고 지원할 수 있다. 다세대 지원프로그램은 이미 선진 복지국가에서 개발되어 운용되고 있다. 한국에서도 이런 프로그램을 운용하기 시작하였다.

이런 다세대 프로그램은 노소가 다 참여하여 생산적으로 운영할 수 있다. 개인과 사회를 위한 자원봉사활동은 물론, 연극과 영화관람, 음악회, 독서회 등 문화활동도 할 수 있다. 그리고 문화적 유산인 효의 이념 및 실천과 관련된 전통문화를 소개하는 프로그램을 운영할 수 있다.

고령자이건 젊은 사람이건 지역사회 지향적인 사람들은 이런 프로그램에 참여하여 그들이 간직한 지도자 자질을 발휘할 수 있다. 이를 통해서 가족과 지역주민들이 서로를 도와 나가는 교호적인 공동사회를 이룩하는 자질을 기를 수 있다.

| 실천 방법의 수정

우리와 문화가 다른 미국에 이민을 간 교포들 가운데 상당수가 효를 여전히 실행하고 있다는 경험적 연구결과를 김광중, 김신 두 교수들이 발표한 바 있다(Kim & Kim, 1991). 이 사회학자들은 미국 시카고 지역에 거주하는 한인 이민들을 대상으로 조사하여 이들 이민들의 마음속 깊이 효가 문화적 가치로서 간직되고 있음을 발견하였다.

이들의 대다수가 자녀는 노부모를 부양할 책임이 있고 노부모는 이들로부터 존경을 받아야 한다고 응답했다.

이 조사는 또한 이민자들이 효를 실천하는 데 어려움을 겪고 있음을 발견하였다. 두 교수들은 이 어려움을 해소하기 위해서 부부의 친가와 시가를 합친 확대된 가족—확대 혼인가족—을 형성할 필요가 있음을 지적하였다.

이러한 확대된 가족형태를 이룸으로써 전통적 친족체계와 미국 산업사회의 생활방식을 결합해서 보다 유기적으로 부부 양편의 연로한 친척과 가족원들을 보살펴 나가자는 창의적인 제안이다.

구체적으로 이들 두 연구자들은 이러한 가족체계를 매체로 해서 효를 자신의 친가만이 아니라 자신의 처가 또는 시댁의 부모를 위해서도 다 같이 수행하자는 진보적 접근방법을 제시한 것이다. 이 방법은 나 자신의 부모만을 부양하는 좁은 테두리를 벗어나 부계 가족이 아닌 시집과 처가의 부모까지도 부양하는 포괄적인 호혜적 지원체계이다.

남녀(부부)의 권리와 발언권이 동등하고 경제적 능력에서도 남녀 (부부)차이가 없는 미국의 사회 환경에서 이민들은 전통적인 남자 (남편) 중심의 가부장체계를 수정해서 남녀가 동등한 위치에서 새로운 효의 실천방법을 창안하여 처가와 시댁을 포괄하는 넓고 확대된 고령의 친척을 위한 부양체계를 구상하게 된 것이다.

이 예는 가족관계가 변하는 한국의 우리에게도 시사하는 바가 많다. 무엇보다도 시대와 생활환경의 변동에 적응해서 창의적으로 효의 실천방법을 구상한 점이 인상적이다.

| 호혜적으로 보살피는 공동사회

위에서 소개한 두 교수들의 통찰력 있는 논의에 대해 저자는 다음과 같은 이념적 사항을 보태 보고자 한다. 즉, "교호적으로 보살피는 공동사회"라는 개념을 첨가해 보고자 한다. 친가와 처가의 가족들을 비롯하여 이웃과 넓은 사회의 고령자와 연소자를 두루 보살피고 지원하는 사회이다.

이 공동사회 개념은 가족의 테두리를 넘어 이웃과 사회의 노인들과 구성원들을 도와주는 효이념에 그 뿌리를 두는 것이다.

가족들을 비롯한 이웃과 사회가 서로 보살피는 공동사회는 오늘날의 시대적 흐름과 합치되어야 한다. 이 흐름의 줄기는 다름이 아니라 권위주의적인 인간관계로부터 남녀노소가 서로 존중하는 호혜적—서로 도움을 주고받는—관계로 전환하는 가치이다.

그러나 가족은 하나의 조직으로서 기능을 하며 부모는 그 조직의 우두머리로서 조직을 다스리고 유지하는 책임을 지고 있다. 자녀는 이러한 가족의 구성 그 자체를 인정해야 하며 이 속에서 자연적으로 생기는 부모의 권위를 받들고 그분들의 가치와 믿음을 존중해야 한다. 이러한 부모의 권위는 동서양을 막론하고 인류사회에서 공통적으로 존중되고 있는 것이다. 따라서 새 시대에도 젊은 세대가 이런 점을 인정하는 바탕에서 호혜적 관계가 이루어져야 한다고 본다.

서로 보살피는 관계에서는 고령자도 젊은 사람들과의 관계를 조정할 필요가 있다. 새로운 고령자의 노인상을 제시하자는 것이다.

새 노인상을 형성하기 위해서 고령자는 적어도 다음과 같은 점을 고려해야 할 것으로 본다.

즉 젊은 사람들의 인격과 자유를 존중해 주고 책임 있는 부모와 윗사람이 되고 젊은 사람들과 조화로운 관계를 유지하고 이들로부터 받은 도움에 감사하고 이들에게 애정을 표시하고 이들이 가지는 어려움에 동정적인 태도를 가지고 이들을 보살피고 지원해 나가는 것이다.

존경, 책임성, 희생, 가족 화합, 보은, 애정 및 보살핌은 젊은 사람들이 효를 행할 때 취하는 행동이요 태도이다. 이제 이러한 행동과 태도를 고령자들도 젊은이들에게 보여 주어야하는 시대적 전환기에 이르렀다. 다만 이러한 행동과 태도를 보여 주는 데 있어 젊은 사람들이 연장자들에게 하는 표현과는 다를 수 있다. 노소가 서로 존중하는 데 관해서는 앞서 제4장에서 논의하였다.

연장자는 또한 다른 사람들과 동등한 입장에서 자기들의 생활을 이루어 나가도록 노력해야 하겠다. 예를 들어 젊은이가 나를 존경해 줄 것을 기다리지만 말고 이들이 나를 존경하게끔 만드는, 즉 존경을 사는 노력을 할 수 있어야 하겠다. 이렇게 하여 연장자는 새로운 시대적 환경에서 존경받을 수 있는 새 이미지를 형성하고 새 역할과 신분을 차지할 수 있을 것이다.

서로 보살피는 공동사회는 자기중심적이고 개인중심적인 산업사회의 풍조를 상당한 정도로 조정 내지 중화시키는 작용을 할 수 있을 것으로 본다.

효는 한국인들이 조상으로부터 물려받은 문화적 유산이며 자랑이다. 다른 민족들이 자기들의 문화적 유산을 자랑스럽게 여기면서 그 문화적 전통에 따라 도덕적이고 윤리적인 규범을 지켜 나가듯이 우리도 우리의 문화적 유산인 효의 이념과 가치를 지키고 실행해 나가는 것이 바람직하다고 본다.

다만 우리의 문화적 유산인 효의 표현을 현대 생활환경에 맞도록 수정하는 과제가 남아 있다. 효 표현의 현대화를 통해서 효는 다음 세대가 한국적인 문화적 정통성을 이어 나가면서 가족과 지역사회의 복리와 안정을 이룩하도록 지원하는 커다란 사회적 영향력이 될 수 있을 것이다.

참고문헌

[국내문헌]

금장태, 2001, 퇴계의 삶과 철학, 서울대학교출판부.

김익기・김동배・모선희・박경숙・원영희・이연숙・조성남, 1999.

김태현, 2000, 미래사회와 효의 실천방안, 44 - 65, 현대사회와 효의 실
    천방안, 한국노인문제연구소.

김한초・한남제・최성재・유인희, 1986, 한국 가족의 표준모형개발. 한
    국정신문화연구원, pp.10-35.

권중돈, 2004, 노인복지론, 학지사

나병균, 1985, 향약과 사회보장의 관계, 사회복지학회지, 제7호, pp.21-50.

논어(論語), 1997, 이기석・한백우(역해), 홍신문화사.

맹자(孟子), 1994, 이기석・한용우 역해, 서울: 홍신문화사.

명심보감(明心寶鑑), 1994, 유상근・김위현(교주), 명지대학교출판부.

모선희, 2000, 효윤리의 현황과 과제 - 대학생의 효의식을 중심으로,
    pp.63-84, 현대사회와 효의 실천방안, 한국노인문제연구소.

박영란, 2000, 효관련 연구의 현황과 과제, pp.85-112, 현대사회와 효의
    실천방안, 한국노인문제연구소.

불광교학부, 1991, 경전의 세계, 불광출판사.

성규탁, 2005, 현대 한국인의 효, 집문당.

성규탁, 2003, 미국의 노인을 위한 가족부양지원정책, 노인복지정책연
    구총서, 한국노인문제연구소, 통권 29호, pp.148-172.

성규탁, 2001, 어른존경에 대한 담험직 연구, 한국노년학, 21, 2, pp.125-139.

성규탁, 1996, 미국의 노인책임법, 노인복지정책연구, 제1권 3호, pp.213-235.

성규탁, 1995, 새 시대의 효, 연세대학교출판부.

성규탁, 1993, 한국인의 부모부양에 관한 연구: 연령층에 따른 효행동
    기분석, 춘천: 한림과학원.

성규탁, 1989, 현대한국인의 효행에 관한 연구, 한국노년학, 9, pp.28-43.

아산사회복지제단.

성서(The Holy Bible)

소학(小學), 1994, 이기석 역해, 홍신문화사.

송복, 1999, 동양의 가치란 무엇인가. 미래인력연구센터.

신용하, 2004, 21세기 한국사회와 공동체문화, 지식산업사.

신용하, 2000, 한국민족의 형성과 민족사회학, 지식산업사.

신용하 · 장경섭, 1996, 21세기 한국의 가족과 공동체문화, 지식산업사.

예기(禮記), 1993, 권오순(역해), 홍신문화사.

유승국, 1995, 효와 일륜사회, 효사상과 미래사회, 한국정신문화연구원.

율곡전서(栗谷全書)

이광규, 1990, 한국 가족의 구조분석, 일지사.

이종술, 1997, 퇴계율고철학 Ⅱ, 한국사상연구원부설수덕문화사.

정순목, 1990, 퇴계의 교육철학: 교육인간적 고찰, 지식산업사. pp.205
    - 222.

지교헌, 1989, 경로, 효친사상의 역사적 전개와 그 현대적 의의, 전통윤
    리의 현대적 조명, 한국정신문화연구원, pp.213-278.

채무송, 1985, 退溪, 栗谷 철학의 비교연구, 성균관대학교출판부.

최근덕, 1995, 효의 오늘과 내일, 효사상과 미래사회, 한국정신문화연구원.

최성재, 1989, 경로효친사상과 노인복지, 한국사회복지학, 13, pp.1 - 25.

최재석, 1994, 한국 가족연구, 일지사.

최정혜, 1998, 기혼자녀의 효의식, 가족주의 및 부모 부양의식, 한국노
    년학, 18, p.2.

효경(孝經), 1989, 박일봉(편역), 육문사.

황진수, 김정님, 2000, 재가 요보호노인 부양자의 자원이용과 스트레스
    에 관한 연구, 한국노년학, 20(2), 229 - 243.

[외국문헌]

Akiyama, H., Antonucci, T. C., & Campbell, R. (1990), Exchange and
    reciprocity among two generations of Japanese and American

women. (In) J. Sokolovsky (Ed.), The cultural context of aging. New York: Bergen & Garvey.

Aquinas, T. (1981), *Summa Theologica*. Westminster, MD: Christian Classics. Question 106, Article 5.

Blackstone, A. (1856), *Commentaries on The Laws of England*(Philadelphia: J. B. Lippincott),Vol. 1, Bk. 1, Ch. 8, Section 1.

Campbell, R., & Brody, E. M. (1985). Women's chaning roles and help to the elderly: Attitudes of women in the United States and Japan. *The Gerontologist*, 25, 584 − 592.

CDC (2005). *State of Aging and Health in America 2004.* Center for Disease Control and Prevention, U.S.A.

Chen, L. (1986). *The Confucian way.* London: Routledge & K. Paul.

Cho, B. E. (2000). Middle-aged women's supporting behavior to elderly parents. (In) W. T. Liu & H. Kendig (Eds.), Who should care for the elderly. Singapore University Press. 339 − 336

Cho, H. (1989). *Male Doyminance and Mother Power: The Two Sides of Confucian Patriarchy in Korea,* **Paper for the Workshop on the Psycho − Cultural Dynamics of the Confucian Family, Yongpyong, Korea.**

Choi, H. J. (2009). Family life of elderly Koreans. (In) *Aging in Korea: Today and Tomorrow.* Choi, S. J. Ed. Seoul: MDWorld Medical Publishing Co.

Choi, S. J. (2001). *Changing Attitudes to Filial Piety in Asian Countries.* Paper presented at 17th World Congress of Gerontology. Vancouver, Canada, July 1-6.

Choi, S. J. (1999). *A Comparative Study on Long −term Care for the Elderly in Korea and Japan.* Department of Social Welfare, Seoul National University.

Climo, J. (1992). Distant parent. New Brunswick, NJ: Rutgers University Press.

Connidis, I. A. (2001). *Family Ties and Aging.* Thousand Oak, CA: Sage.

Deutchler, M. (1980). Neo – Confucianism. *The Journal of Korean Studies*, 2, 71-111.

Gouldner, A. (1960). The norm of reciprocity: A preliminary statement. *American Sociological Review,* 25, 161-178.

Hill, R., & Koenig, R. (1970). *Families in East and West.* Paris: Mouton.

Holmes, E. R., & Holmes, L. D. (1995). *Other cultures, Elder years.* Thousand Oaks: Sage.

Horowitz, A., & Shindelman, L. W. (1983). Reciprocity and affection: Past influences on current caregiving. *Journal of Gerontological Social Work,* 5, 5 – 20.

Kant, I. (1964). (Gregor, M. J. trand.) *Doctrine of Right: The Metaphysics of Morals, Part II.* New York: Harper.

Kim, K. C. & Kim, S. (1991). Filial piety and intergenerational relationship in Korean immigrant families, *International Journal of Aging and Human Development,* 33, 233-245.

Legge, J. (1960). *The Chinese Classics.* 3rd Ed. Hong Kong: Hong Kong University Press. Bk. 1.

Litwak, E. (1985). Helping the elderly: Complementary roles of informal networks and formal systems. New York: Guildford.

Monk, A. (1983). Family supports in old age. (In) *Family Home Care.* R. Perlman(Ed.). New York: Haworth Press.

Moroney, R. (1976). *The family and the sate: Consideratrion for social policy.* New York: Longman.

Noelker, L. S., & Harel, Z. (2001). Humanizing long – term care: In *Linking Quality of Long –term Care and Quality of Life.* New York: Springer.

Palmore, E. B. (1999). *Ageism: Positive and negative.* New York: Springer.

Park, K. S., Cho, N. H., & Byun, Y. C. (2009). Rapid aging and changes in the lives of the elderly in South Korea. In Choi, S. J., Bae, J., Whang, E., Lee, G., & Roh, Y. (Eds.), *Aging in Korea: Today and Tomorrow.* Seoul: New World Publishing Co.

Post, S. G. (1989). Filial morality in an aging society. *Journal of Religion and Aging,* 5, 15 − 29.

Shanas, E. (1979), The family as a social support system in old age. *The Gerontologist,* 19, 169 − 174.

Stramer, H. M. (1985). Values, ethics, and aging. In Lesnoff − Caravaglia (Ed.), *Values, ethics, and aging,* 26 − 40. New York: Human Science Press.

Streib, G. F. (1987). Oldage in sociocultural context: China and the United Sgtates. *Journal of Aging Studies,* 1, 95 − 112.

Sung, K. T. (1994). Cross − cutural comparison of motivations for parent care. *Journal of Aging Studies,* 8, 195 − 209.

Sung, K. T. (2000). *Ideals and practices of family support: Cross − cultural perspectives.* Keynote address presented at The Asia/Oceania Regional Congress of Gerontology, 1998.

Sung, K. T. (2001a). Elder respect: Exploration of ideals and forms in East Asia. *Journal of Aging Studies* 15, 13 − 26.

Sung, K. T. (2001b). Family support for the elderly in Korea: Continuity, change, future directions, and cross − cultural concerns. *Journal of Aging and Social Policy* 12, 65 − 79.

Sung, K. T., & Kim, H. S. (2003). Elder respect among young adults: Exploration of behavioral forms in Korea. *Ageing Internatinal,* 28, 279 − 294.

Sung, K. T. (2004). Elder respect among young adults: A cross − cultural study of Americans and Koreans. *Journal of Aging Studies,* 18(2). 215 − 230.

Sung, K. T. (2005). *Care and respect for the elderly in Korea: Filial piety in modern times in East Asia.* Seoul: Jimoondang.

Sung, K. T. (2007). *Respect and care for the elderly: The East Asian way.* Lanham, Maryland: University Press of America.

Sung, K. T. 2009. How social workers demonstrate respect for elderly clients, Journal of Gerontological Social Work, 52(3), 250 − 260.

Tang, W., & Parish, W. L. (2000). *Chinese Urban Life under Reform:*

The Changing Social Contract. New York: Cambridge Univ. Press.

Tu, W. M. (1995). Humanity as embodied love: Exploring filial piety in a global ethical perspective. In *Filial Piety and Future Society.* Gyunggido, S. Korea: The Academy of Korean Studies.

Yoon, H. S., & Cha, H. B. (1999). Future issues for family care of the elderly in Korea. *Hallym International Journal of Aging*, 1(1), 78 – 86.

찾아보기

ㄱ

가부장적 가족체계 86
가부장체계의 수정 175
가정생활 24
가정생활윤리 22
가족(효행의 시발점) 161
가족과의 접촉 130
가족원 수의 감소 76, 163
가족의 니드(needs) 163
가족의 서비스부담 165
가족의 연대성 49
가족의 영속 86
가족의 자조(自助)기능 163
가족의 책임 43
가족주의적 성향 29
가족중심적 생활태도 171
가족중심적 성향 28
가족지원서비스 48, 155
가족지원정책 154
가족지향성 28
가족회의 104, 105
가족회의를 위한 준비 105
간(諫) 121
개인적 자유재량(효행에 있어) 35
거리문제 147
겸양(謙讓) 120
경(敬) 23, 121, 169
경로효친 113
경장자유(敬長子幼) 22
고령기 부모의 지위와 권한 87
고령부모의 공통적 문제 106
고령의 부모 57
고령자와 호혜적 관계(사례) 80〜82
고령자의 경험, 재능, 지식 79

고령층 113
공동사회복리 추진 171
공동사회지향적 170
공식적 지원 48, 64
공식적 지원망 48
교호적 관계 35, 41, 44, 57, 58
교호적 지원(부모-자녀 간의) 120
교환관계 38
_____ 균형적 38
_____ 불균형적 38
교환의 균형 및 불균형 35, 36, 45, 58
권위주의적 관계 54

ㄴ

남여동등한 실천 175
노부모의 부모 147
노소세대합동프로그램 135
노인부양의 일차적 책임 154
노인상(老人像) 176
노인에 대한 태도 43
노인을 위한 서비스 153
노인의 의료비 153

ㄷ

다목적 교육과정 136
대표적 교환(부모-자녀의) 57
대학생 25
덕행(德行) 120
떨어져 사는 자녀 66
떨어져 사는 자녀와 부모부양 72
도덕적 빚 118
도움을 주고받는 관계 37, 38
_____ 일본인의 경우 37
_____ 미국인의 경우 38

도움을 주고받는 의무 22
도의적 행위 115
독립된 생활(서양문화의) 72
독립된 생활을 하는 자녀 77
돌봄 66
동서양의 가치차이 20
동아시아문화권 169
동아시아문화와 상호의존 79
동양가족 20

ㅁ
며느리 37, 58, 65
문화적 유산 177
물질적 지원 59
미국의 고령자 부양 145

ㅂ
바람직한 관계 78
변화에 대한 적응 53
보람있는 생활 139
보살피는 사회 169
보살핌 20, 61, 62, 151
_____ 수단적 61, 62
_____ 정서적 61, 62
보은(報恩) 57
보편화된 가치 53
복지향상 59
부모가 자녀에게 주는 도움 74, 150
부모공경의 두가지 차원 61
부모돌봄 65
부모방문 147
부모부양동기 66
부모부양방식 33
부모부양부담 48
부모부양의 당위성 157
부모부양책임법 155
부모에 대한 책임 44
부모와 가족과의 통합 21
부모와 대화하는 방법 101

부모와 동거하는 사례 131
부모와의 대화 108
보모은혜--2가지 114, 115
부모은혜를 갚음 26, 576
부모은혜의 특수성 118
부모의 권위 176
부모의 사생활과 사비밀 106
부모의 생활형편 102
부모의 은혜 172
부모의 재정사정 103
부모의 희생 117
부모자녀 간의 비권위적 관계 27
부모자녀 간의 지리적 간격 21
부모자녀관계 85, 63, 122
부모자녀관계의 현대화 54
부모존경 119
부양문재해결능력 162
부양자의 고민 146
부양책임이행 149
부자유친(父子有親) 85
불균형한 관계 42
불효 115
비권위적 관계 27
비물질적 도움 37
비공식적 지원 64

ㅅ
사랑 148
사친(事親) 118
사회공작(social engineering) 47, 166
사회교육효과 140
사회변동 19, 24
사회보장 62, 163
사회복지서비스 21
사회복지전문가 49, 163
사회복지체계 166, 171
사회서비스비용 163
사회의 현대화 19
사회적 지원망 165

사회체계의 안정 34
사회화 171
상하질서 강조 85
상호의존 관계 43, 108
상호의존적 공동사회 173
상호의존적 문화 75, 165
상호의존적 생활방식 29
상호의존적 친족관계 20
생활규범 120
생활의 질 59
생활조건(불리한) 48
생활주기 40
생활태도의 변화 33
서비스의 양과 질 53
서비스전달체계 49
선행(善行) 116
성경(聖經) 119
성(聖)스러운 의무 122
세대 간의 협동 140
세대 간의 호혜적 관계 20, 171
수단적 지원 50, 63, 164
수정확대가족 49
시대적 전환 177
실천방법의 수정 174

ㅇ
애정 42, 38
애정관계 73
양로원 비용 153
어른존경: 효의 핵심 88
어머니와 딸의 관계 73
어머니와의 관계 73
어머니의 재활 129
여성과 부모부양 66
연령층 간의 가치지향성의 차이 27
연로한 세대 113
영국의 역사학자(Arnold Toynbee) 113
예의범절 172
외부지원의 필요 153

원초적 의무(자녀의) 119
유료서비스 150
유체(遺體)(부모로부터 받은 몸) 114
의료비와 사회서비스비용 163
의무를 수행할 능력 44
의존과 독립 71
의존적인 노부모 152
의존하는 세대관계 71
은혜보답 149
이민사회 174
이타적(利他的) 공경 161
인(仁)(도덕심의 근간) 86, 169, 173
인간관계의 윤리 121
인간애 169
인과응보(因果應報) 23
일본여성과 미국여성의 비교(노인에 대한 태도) 43

ㅈ
자기실현 56
자녀에 대한 애정 114
자녀와 부모의 대화 101
자녀와의 동거 152
자녀의 개인적 특성과 부모돌봄 65
자녀의 복리와 안녕 76
자녀의 부담 149
자녀의 불안감 150
자녀의 역할 108
자녀의 정서적 및 재정적 어려움 150
자녀의 죄의식 150
자녀의 책임 149
자녀의 희생 151
자원봉사프로그램 173
자(慈)의 도 121
작은 효(小孝) 86
장기요양 155
장기질환 152
장애노인 부양 154
재정적 부담 148

재정지원 75
전문적 서비스 48
전통문화의 영향 19
접촉할 때(부모와)의 자녀의 역할 108
정부의 노력(노인복지를 위한) 154
정서적 대가(지원에 대한) 74
정서적 지원/도움 60, 63, 74, 146, 163
제3자와의 상의 104
존경의 방식 88
_____ 인사로 하는 89
_____ 먼저 대접해서 히는 89
_____ 순종해서 하는 90
_____ 의논을 해서 하는 90
_____ 음식을 대접해서 하는 91
_____ 경어를 사용해서 하는 92
_____ 보살핌으로 하는 92
_____ 의모를 갖추어 하는 93
_____ 윗자리를 드려 하는 94
_____ 축하를 해서 하는 95
_____ 이웃노인에 대한 95
_____ 선물로 하는 96
_____ 장례를 통한 97
_____ 조상에 대한 97
주고받는(도움을) 관계 71
주고받는 도움의 균형 41
주고받는 원칙(the principle of give and
    take) 34
주고받는 지원의 종류 75
지역사회의 보살핌 173
지역사회자원의 활용 107
지역사회지원(community care) 164, 165
지역사회지향 173
지원제공자(외부의) 66
지원체계(폭넓은) 173
직장여성의 부모부양 154
질적(정서적) 지원 49

ㅊ
책임/의무(부양에 대한) 47, 67, 118

책임성있는 교호적 관계 40
천제지변 78
친구의 도움 46
친근성 63
친족지원체계 29
친척과의 관계 20

ㅋ
큰효(大孝) 86

ㅌ
통합적 보살핌 173

ㅎ
한국의 문화적 맥락 119
한국인과 미국인의 차이(부모부양에서) 150
향약(鄕約) 171
호혜적 공동사회 82
호혜적 관계 20~24, 34, 47, 55,
    80~82, 161, 170, 171
호혜적 관계와 책임 46
호혜적 사회지원망 29
호혜적 성향 29
호혜적 지원(노소 간의) 135
호혜적 지원체계 175
환경적 조건 56
효도하는 이유 25
효윤리 87
효의 기본적 내용 87
효의 행동적 표현 87
효행상수상자 65
효행의 사회화 87
효표현의 현대화 178
효의 실천 43
효의 행동적 표현 87
효행상수상자 65
효행의 사회화 87
효표현의 현대화 178

성규탁(成圭鐸)

[sung.kyutaik@gmail.com]

▌약 력

충북 청주중고등학교 졸업
서울대학교 문리과대학 및 대학원 졸업
미국 미시간대학교(앤아바) 사회사업학 석사
미국 미시간대학교(앤아바) 사회사업학 및 정치학 박사
(전) 미국 위스콘신대학교(매디슨) 사회사업대학원 교수
연세대학교 사회과학대학 사회복지학과 교수(초대학과장)
연세대학교 사회복지연구소 초대소장
미국 시카고대학교 Fellow(동아시아가족연구)
미국 미시간주립대학교 사회사업대학원 교수
미국 남가주대학교 사회사업대학원 석좌교수
미국 미시간대학교 사회사업대학원 초빙교수
Elder - Respect, Inc.[www.elder-respect.org] 대표
효문화연구소 소장
(전) 한국사회복지학회 회장, 한국노년학회 회장,

▌저 서

국내

『새 時代의 효』, 연세대학교출판부(연세대학술상 수상)
『새 시대의 효 Ⅰ』, 문음사(아산효행상 수상)
『새 시대의 효 Ⅱ』, 문음사(문화공보부 추천도서)
『새 시대의 효 Ⅲ』, 문음사
『현대 한국인의 효』, 집문당(학술원선정 우수학술도서)
『사회복지행정론』, 법문사
『사회복지조직론』, 박영사
『산업복지론』, 박영사 외 다수

국외

Care and respect for the elderly in Korea: Filial piety
  in modern times in East Asia. Seoul: Jimoondang, 2005.
Respect and care for the elderly: The East Asian Way
  Lanham, MD: University Press of America, 2007.
Respect for the elderly: Implications for human service
  providers. Lanham, MD: University Press of America, 2009.
Advancing social welfare of Korea: Challenges and ways.
  Seoul: Jimoondang, 2010.

┃논 문

국내

한국노년학
사회복지학회지
사회복지
한국정신문화연구원논총
한림과학연구원 등에 100여 편 발표

국외

The Gerontologist
Journal of Aging Studies
International Journal of Aging and Human Development
Journal of Gerontological Social Work
Journal of Social Service Research
Administration in Social Work 등에 65편 발표

한국인의 효

Ⅴ 보살핌을 주고받는 세대관계

초판인쇄 | 2010년 1월 5일
초판발행 | 2010년 1월 5일

지은이 | 성규탁
펴낸이 | 채종준
펴낸곳 | 한국학술정보㈜
주 소 | 경기도 파주시 교하읍 문발리 파주출판문화정보산업단지 513-5
전 화 | 031) 908-3181(대표)
팩 스 | 031) 908-3189
홈페이지 | http://www.kstudy.com
E-mail | 출판사업부 publish@kstudy.com
등 록 | 제일산-115호(2000. 6. 19)

ISBN   978-89-268-0505-3 14190 (Paper Book)
        978-89-268-0506-0 18190 (e-Book)
        978-89-268-0728-6 14190 (Paper Book set)
        978-89-268-0729-3 18190 (e-Book set)

이담
      는 한국학술정보(주)의 지식실용서 브랜드입니다.